Pequeno livro de

DESTILADOS

Guia para toda hora

Dados Internacionais de Catalogação na Publicação (CIP)
(Câmara Brasileira do Livro, SP, Brasil)

4ª ed.

Santos, Suzamara
    Pequeno livro de destilados : guia para toda hora / Suzamara Santos. – 4ª ed. – Campinas, SP : Verus Editora, 2010.

    Bibliografia.
    ISBN 978-85-7686-018-1

    1. Bebidas alcoólicas 2. Bebidas destiladas - Guias I. Título.

07-3866   CDD-641.25

Índices para catálogo sistemático:

1. Bebidas destiladas : Guias   641.25
2. Destilados : Guias   641.25

Suzamara Santos

Pequeno livro de

DESTILADOS

Guia para toda hora

4ª edição

VERUS
editora

Editora
Raïssa Castro

Coordenadora Editorial
Ana Paula Gomes

Copidesque
Carlos Eduardo Sigrist

Revisão
Ana Paula Gomes
Raïssa Castro

Capa & Projeto Gráfico
André S. Tavares da Silva

VERUS EDITORA LTDA.
Rua Benedicto Aristides Ribeiro, 55
Jd. Santa Genebra II - 13084-753
Campinas/SP - Brasil
Fone/Fax: (19) 3249-0001
verus@veruseditora.com.br
www.veruseditora.com.br

Agradecimentos

Pessoas muito queridas me incentivaram, das mais diversas maneiras, a escrever esta pequena obra.

Gente de casa, da família, a quem devo as minhas melhores alegrias: Marcelo, Miguel, dona Florinda, dona Eny, Tida, Pat, Zi, Ná, Regina, João, Wlad, Vani, Herivelton, Inês, Maria Fernanda, Larissa, Wladinho, Alex, Aline, Lara, Suzamara, Sophia.

Amigos da *Metrópole*, pela relação construída entre a amizade, o profissionalismo e a troca de vivências: Kátia, Michele, Silvana, Gregori, Rodrigo, Javé, Daniela, Sheila. E Valéria, grande jornalista, que me deu a honra de assinar o gentil prefácio deste livro.

As boas companhias para bate-papos entre copos: Bob, Clara, Glória, Roldan, Arnaldo, Adma, Márcia, Renata, Stelinha.

Mais uma vez, todos da Associação Brasileira de Sommeliers de Campinas, que me instigam a me aprofundar no mundo das grandes bebidas.

E, em especial, os leitores que sempre colaboram com comentários generosos e sugestões preciosas, por *e-mails* e abordagens pessoais.

SUMÁRIO

PREFÁCIO

A disciplina com que Suzamara Santos se lançou à pesquisa para a feitura deste livro só se compara à dos bons bebedores. Não aqueles que já tomaram piscinas de saborosíssimas cachaças ou açudes de bons e raros uísques. Falo da disciplina dos bebedores, não dos pernósticos, mas dos quase enófilos, que talvez por dádiva divina sabem distinguir os maltes e apreciar de maneira ritual as outras matérias de que são feitos os destilados. O jeito só seu de escrever dissolve neste pequeno volume informações amargas de tragar – que outros livros teimam em servir ao mercado – acerca das bebidas destiladas. Sentado à beira do alambique ou à mesa, à espera de um 21 anos, não faltará ao leitor/apreciador deste guia doses de conhecimento que esquentam a boa prosa e quebram o gelo (e os *icebergs*) das conversas. A experiência bem-sucedida da autora no *Pequeno livro do vinho – Guia para toda hora*, também publicado pela Verus Editora, é o certificado de origem de seu bom trabalho. Comprometida com a informação, era de esperar que a jornalista, com quem tenho o privilégio de partilhar profissionalmente muitas horas do dia, cumprisse com honra o seu papel. Ao leitor que, como eu, está deste lado do livro, afirmo que nosso próximo uisquinho não será mais o mesmo. Será, sim, muito mais saboroso.

Valéria Forner
Jornalista

VOCÊ ME ACOMPANHA?

Sirva-se. Você está embarcando no mundo das bebidas espirituosas. Espirituosas. *Spirits*. Que palavra sugestiva para agrupar os destilados! Nesse universo, vegetais, grãos e frutas transformados em bebidas alcoólicas contam um pouco da história de sua terra natal. Aqui, tudo sobe à cabeça. Da definição mais elementar de destilação – procedimento que consiste em concentrar o álcool de um líquido fermentado para obter uma nova bebida – ao calor provocado por essa nova bebida na boca, a viagem é animada, cheia de paisagens humanas e culturais que requerem certa virilidade para ser exploradas.

Cachaça no Brasil, tequila no México, rum em Cuba, vodca na Rússia, uísque na Escócia, *bourbon* nos Estados Unidos, *calvados*, conhaque e *armagnac* na França... Mantenha-se sóbrio, pois as tentações são muitas.

As matérias-primas para produzir um bom destilado são abundantes. Cana-de-açúcar, agave-azul, cevada, milho, uva, trigo, centeio, maçã e tantos outros alimentos sagrados podem adquirir uma face profana, um toque de mundano misturado com arte.

Aqui, obviamente, você não se tornará especialista em nenhuma bebida destilada, mas conhecerá muitas delas e saberá de suas características, curiosidades, regras de apreciação, da história dos coquetéis mais famosos do mundo e como prepará-los. Este é, sim, um pequeno livro de generalidades sobre os destilados, que procura mapear as bebidas mais populares, deter-se nas mais complexas e revelar as mais importantes. Você me acompanha?

HISTÓRIA NO DOSADOR

Há mais de cinco mil anos, as antigas civilizações da Mesopotâmia, do Egito e da China faziam perfumes utilizando o processo da destilação.

No século X d.C., acadêmicos árabes em Córdoba, Bagdá e Damasco realizaram grandes avanços científicos. Desenvolveram o astrolábio, a álgebra, o sistema numérico moderno e a técnica da destilação – esta, para criar uma nova categoria de bebidas. Os árabes passaram a destilar o vinho e a usá-lo em composições medicinais.

A palavra "alambique" é derivada do arábico *al-anbiq*, que por sua vez vem do grego *ámbix*, referente ao vaso usado na destilação. A palavra "álcool" também remete ao arábico. Descende de *al-koh'l*, termo usado pelos alquimistas para designar substâncias extremamente purificadas, entre elas os líquidos.

A vodca é apontada como a primeira bebida destilada que existiu. Era feita de centeio e data do ano de 1100. Ainda há dúvidas sobre se a vodca surgiu na Rússia ou na Polônia, mas sabe-se que era usada pela medicina como anestésico e desinfetante.

Nos mosteiros, o álcool destilado também era usado para fins medicinais, em infusões ou como conservante de ervas e especiarias.

Outra bebida destilada muito antiga é o *armagnac*, feito a partir da uva. Pesquisas indicam que os mouros foram os primeiros a elaborá-la, no século XII.

Em 1494 foi registrada a primeira menção ao uísque.

Já a cachaça foi inventada em 1533, na então Capitania de São Vicente (hoje Santos, SP).

Chorinho
De 39% a 47% – esse é o teor alcoólico dos destilados, embora algumas bebidas apresentem até 60%.

O que há em comum?

Uísque é feito de malte. Cachaça, de cana-de-açúcar. *Brandy*, de vinho. Rum, de melaço. Aparentemente essas bebidas são muito diferentes entre si. E são mesmo. Mas elas guardam uma semelhança importante: todas são obtidas pela destilação de um líquido de baixo teor alcoólico, que por sua vez foi obtido pela fermentação do açúcar. Esse açúcar pode ser de cereais, vegetais ou frutas.

O "xis" da questão

Para aumentar o teor de álcool de um líquido fermentado, é preciso submetê-lo à destilação. O processo implica vaporizar e depois condensar de novo o líquido, de modo a separar e purificar suas partes constituintes.

Familiarize-se com estas palavras

Wash: redução de *alcoholic wash*, termo usado para designar o líquido fermentado.

Cabeça: os primeiros vapores que saem durante o processo de destilação. Também chamados de *foreshot* ou *head*, têm teor alcoólico próximo de 80%. São vapores impróprios para o consumo, pois carregam substâncias tóxicas, entre elas o metanol.

Cauda ou rabo: os últimos vapores que saem durante o processo de destilação. Também chamados de *feint* ou *tail*, têm teor alcoólico próximo de 60%. Como as cabeças, são impróprios para o consumo, pois também carregam substâncias tóxicas.

Coração: são os vapores do meio, produzidos entre as cabeças e os rabos. Essa é a parte que interessa, ou seja, a porção potável (própria para consumo humano).

Durante a destilação

O líquido fermentado é composto de partes que se transformam em vapor quando aquecidas a temperaturas diferentes. Algumas dessas partes não podem ser consumidas. É o caso do metanol, que é liberado quando a bebida alcança 65 °C e deve ser desprezado.

O coração é recolhido e convertido em líquido novamente. Esse líquido tem teor alcoólico mais alto, pois está mais concentrado que no início do procedimento. Tudo é feito em alambique *pot* ou contínuo.

TROCANDO EM MIÚDOS

Talvez você preferisse entrar direto num bar e chamar o garçom, em vez de "perder tempo" com as diferenças entre alambiques. Mas não fique ansioso. Encare as noções técnicas de destilaria como um ritual de iniciação necessário para avançar. Vai valer a pena, já que o tipo de alambique diz muito sobre a bebida. E não vai doer nada, pois são basicamente dois: *pot* e contínuo.

Alambique *pot*

Esse é o equipamento de destilação mais simples, usado na elaboração de bebidas artesanais. O alambique *pot* pode ser comparado a uma grande chaleira de cobre, onde o líquido recebe calor diretamente. Em resumo, funciona assim:

1) O vapor do líquido aquecido concentra-se numa área do alambique chamada cabeça (não confunda com os primeiros vapores liberados na destilação).
2) Da cabeça, segue por um tubo curvo, o pescoço-de-cisne.
3) Do pescoço-de-cisne, o vapor passa por uma serpentina, onde é resfriado com água para se condensar e se transformar em líquido novamente.

❗ Esse processo não segrega todas as impurezas, o que requer intervenção mais cuidadosa do homem.

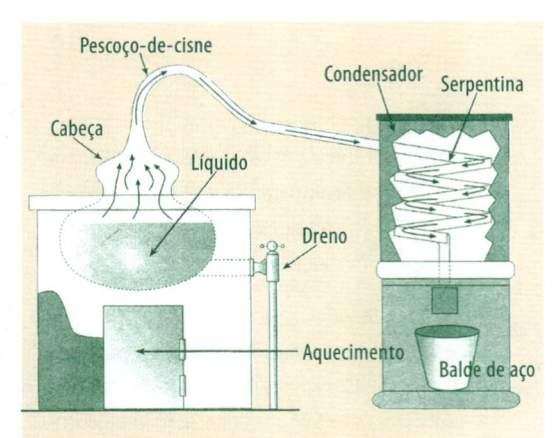

Labels in figure:
- Pescoço-de-cisne
- Condensador
- Serpentina
- Cabeça
- Líquido
- Dreno
- Aquecimento
- Balde de aço

Alambique contínuo

Também conhecido como patente, o alambique contínuo é usado na produção industrial de destilados. A principal diferença em relação ao *pot* é que no contínuo a vaporização e a condensação do líquido fermentado se dão várias vezes, com o objetivo de obter uma bebida mais pura e com graduação alcoólica mais alta.

1) O líquido fermentado passa por uma coluna, onde é preaquecido antes de chegar a um recipiente de cobre.
2) No recipiente de cobre, ele se transforma em vapor, que segue por colunas defletoras, onde é condensado em tempos diferentes, de acordo com o grau de volatilidade.
3) O vapor desce por serpentinas, onde é resfriado com líquido frio.
4) O processo de aquecimento / vaporização e refrigeração / condensação se repete várias vezes, sempre aumentando o teor alcoólico do líquido fermentado.
5) Ao final, obtém-se um destilado mais puro, com graduação alcoólica que pode chegar a 90%. É necessário, então, realizar a diluição com água destilada, mas essa é outra etapa.

❢ O destilado é mais puro que o obtido pelo alambique *pot*.

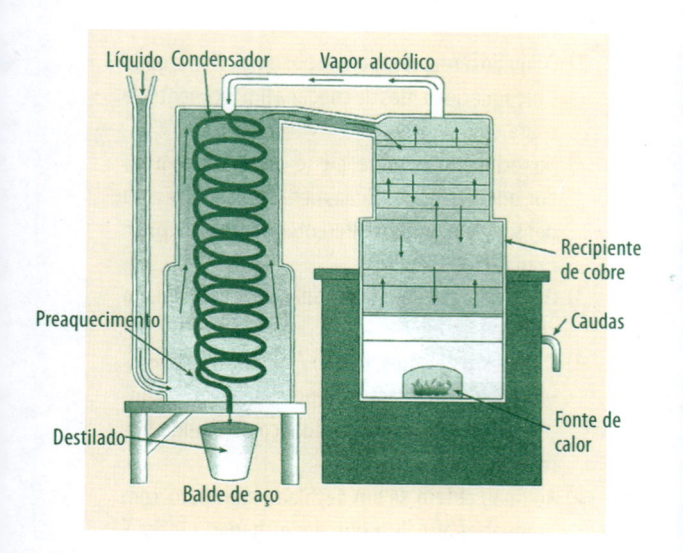

Líquido Condensador — Vapor alcoólico

Recipiente de cobre

Preaquecimento

Caudas

Destilado

Fonte de calor

Balde de aço

Chorinho

Para obter um líquido de alto teor alcoólico, muitas vezes são necessárias duas ou mais destilações.

CACHAÇA, TESOURO NACIONAL

Existem muitas razões para colocar a cachaça em primeiro plano. Uma delas, claro, é que somos brasileiros ou estamos no Brasil. E aqui a cachaça é a segunda bebida mais consumida (cerca de sete litros *per capita* por ano), atrás apenas da cerveja.

Em termos mundiais, a cachaça também faz bonito. É o terceiro destilado mais consumido, perdendo para a vodca e para o *soju* – essa última é uma bebida coreana feita de arroz, batata-doce e trigo (a medalha de prata se justifica pelo enorme mercado da Ásia, onde o *soju* é um sucesso).

Outra razão para valorizar nossa cachaça está na história. Poucas bebidas são tão entranhadas na origem e no desenvolvimento de um país como ela. O Brasil mal tinha nascido e a cachaça já virava a cabeça do povo. Cabral chegou aqui em 1500, e em 1533 já se elaborava a aguardente (água ardente) de cana-de-açúcar.

No dosador

Se existe um pai da criança, este é o colonizador Martim Afonso de Souza, que, ao lado de quatro sócios – três portugueses e um alemão –, trouxe para a Capitania de São Vicente os primeiros alambiques de cobre.

Nos engenhos do Senhor Governador (depois chamado de Engenho São Jorge dos Erasmos), Madre de Deus e São João, começou a ser elaborada a bebida, então chamada de vinho de mel, vinho de cana ou vinho de mel de cana. Os colonizadores introduziram a tecnologia para destilar a bebida, mas devemos agradecer também aos escravos. Eles plantavam e moíam a cana para fazer o açúcar. Segundo historiadores, foram eles os primeiros a experimentar as sobras de caldo de cana que fermentavam ao acaso no moinho. Era uma bebida esquisita, mas agradável, e que os tornava um pouco mais felizes. Os senhores de engenho observaram outros efeitos da bebida nos negros: ela eliminava a sensação de fome, além de mantê-los mais dispostos e, conseqüentemente, mais produtivos. Era criada, então, a cachaça de engenho, uma bebida que tem em si glória e derrota, dignidade e indignidade, riso e choro.

Dose dupla

- ✔ Com cachaça compravam-se escravos. Com cachaça embebedavam-se os escravos na viagem da África para o Brasil.
- ✔ Com cachaça reduzia-se a uma refeição o alimento diário dos escravos.

> ⚠ **Contraponto:** alguns autores afirmam que a porção destinada aos escravos era mínima, uma vez que a bebida adquiriu grande valor econômico rapidamente.

124 anos de ressaca

Não é exagero nem lugar-comum dizer que a cachaça faz parte da cultura brasileira. Antes reservada aos escravos, a aguardente teve sua produção aprimorada e rapidamente migrou da senzala para a casa-grande. Isso representou uma ameaça aos interesses dos portugueses, que viram a bagaceira (destilado à base de uva) perder terreno no Brasil, desencadeando uma longa ressaca na trajetória da cachaça. Em 1635, na Bahia, sua comercialização foi proibida. Em 1639, tentou-se impedir a fabricação. Entre restrições e condições para o consumo e a elaboração, foram 124 anos.

Chorinho

Em 1808, a corte portuguesa passou a considerar a cachaça um dos grandes produtos da economia brasileira. Como mercadoria, moeda ou alimento, a bebida ajudou a vitaminar os ciclos da cana-de-açúcar, do ouro e do café. Em 1817, durante a Revolução Pernambucana, um dos movimentos pela independência, a regra era erguer brindes com cachaça. O vinho estava proscrito, pois era um símbolo português.

A rigor, do que se trata?

"Cachaça é a denominação típica e exclusiva da aguardente de cana produzida no Brasil, com graduação alcoólica de 38% a 48% em volume, a 20 ºC, obtida pela destilação do mosto fermentado de cana-de-açúcar, com características sensoriais peculiares, podendo ser adicionada de açúcares até seis gramas por litro, expressos em sacarose" (art. 92 do Regulamento da Lei nº 8.918, de 14/7/1997, com redação dada pelo Decreto nº 4.851, de 2003).

Essa é a cachaça oficial. Até 1997, sua graduação alcoólica variava de 38% a 54%. Essa faixa, hoje, aplica-se à aguardente de cana. Como acontece com a tequila no México e com o conhaque (*cognac*) na França, a palavra "cachaça" só pode ser empregada para denominar a aguardente feita de cana-de-açúcar no Brasil.

A iniciativa do governo brasileiro de tomar para si o vocábulo visa proteger a bebida de apropriações no mercado internacional, considerando que outros países (Costa Rica, Paraguai, Cabo Verde, Cuba etc.) também produzem destilados de cana-de-açúcar. O Brasil está envolvido em duas grandes batalhas internacionais pela valorização e ampliação do mercado de exportação: em uma trincheira, luta pelo reconhecimento e pela tutela das denominações "cachaça" e "caipirinha"; em outra, tenta diferenciar a cachaça do rum no código alfandegário dos Estados Unidos. Para entrar no mercado norte-americano, a cachaça deve ser identificada como um tipo de rum, bebida de Cuba, e pagar a mesma tarifa alfandegária.

Inacreditável!

Processos de pedido de registro da marca "cachaça" tramitam em vários países. O mesmo aconteceu com a rapadura, o açaí e o cupuaçu.

EM NÚMEROS

- ✔ 1,3 bilhão de litros: volume de aguardente que o Brasil produz por ano.
- ✔ 1 bilhão de litros: volume proveniente de indústrias.
- ✔ 300 milhões de litros: volume proveniente de alambiques artesanais.
- ✔ 600 milhões de dólares: faturamento anual estimado.
- ✔ 450 mil: número de trabalhadores diretamente empregados no setor.
- ✔ 30 mil: número de produtores de cachaça.
- ✔ 5 mil: número de marcas de cachaça que existem atualmente.

Fonte: Agência de Promoção de Exportações e Investimentos (Apex-Brasil)

Fazendo cachaça

A cachaça é elaborada em todos os estados onde se planta cana-de-açúcar, mas São Paulo, Minas Gerais, Rio de Janeiro e Pernambuco lideram a lista dos maiores produtores. É importante diferenciar a cachaça artesanal da industrial, pois são bebidas muito distintas. Existem no Brasil centenas de alambiques artesanais que fabricam cachaça de alta qualidade. Muitas dessas bebidas vêm de tradição familiar, passada de pai para filho, cujos segredos são mantidos como patrimônio doméstico. Entre os segredos está a base da fermentação do mosto, o pé-de-cuba, uma alquimia de leveduras obtida no próprio ambiente do engenho. Talvez aí esteja o "pó mágico" de muitas bebidas de excelência fabricadas nos rincões brasileiros. Mas uma regra que vale para qualquer cachaça de qualidade é a higiene em todas as etapas do processo. Uma boa cachaça se faz em instalações rigorosamente limpas.

Cachaça artesanal

A cana-de-açúcar é cultivada em área próxima ao alambique. Isso evita que a matéria-prima tenha de ser transportada e estocada para se fazer a moagem.

Não há queima no campo. A cana é desempalhada manualmente e transferida para a moenda.

A moagem é feita sem embebição, ou seja, não se usa água no bagaço para retirar o açúcar residual.

A garapa, ou caldo de cana, é fermentada num período de 24 a 30 horas. O pé-de-cuba, usado para desencadear a fermentação, é preparado no próprio engenho, no início da safra.

A destilação ocorre em alambique de cobre, em sistema de batelada (*pot*), pelo qual se descarta a cabeça (de 5% a 10% do volume a ser destilado). O calor é produzido pela queima do bagaço.

O coração (que corresponde a 80% do total) é aproveitado para a cachaça, e a cauda (cerca de 10%) é desprezada.

O coração vai para o envelhecimento antes de ser engarrafado e consumido. Esse processo tem baixo rendimento: uma tonelada de cana resulta em apenas 130 litros de cachaça.

❗ **Contraponto:** há quem prefira consumir a cachaça sem nenhum envelhecimento e defenda que cachaça, cachaça envelhecida e cachaça adoçada são bebidas diferentes.

Desce uma
Coqueiro, Corisco, Vamos Nessa, Velha Aroeira, Aroeirinha, Samanaú, Germana, Baronesa, Lua Nova, Cu-

bana, Topázio, Indaiazinha, Vale Verde, Chica Manuel, Canarinha, Salinas, Baronesa, Mulher Rendeira, Anísio Santiago e/ou Havana.

Havana x Havana

O nome Havana, marca de uma das cachaças artesanais mais apreciadas, é requisitado pela Havana Club Holding, fabricante de rum de Cuba que chegou a proibir o uso da marca no Brasil. Isso levou o proprietário da destilaria mineira de Salinas, Anísio Santiago, a rebatizar a cachaça com seu próprio nome. Após readquirir o direito de uso nos fóruns internacionais, a bebida voltou a se chamar Havana, portanto Anísio Santiago e Havana são a mesma cachaça.

Cachaça industrial

O canavial é queimado para desempalhar a cana e facilitar a colheita manual ou mecânica.

A cana é empilhada no chão para ser recolhida pelas carretas (os treminhões) e transportada para as usinas.

A cana é lavada e moída com embebição para melhor aproveitamento do açúcar.

O caldo de cana resultante da moagem é fermentado com leveduras industriais, desenvolvidas para alto rendimento alcoólico.

A destilação é feita em alambique contínuo.

O rendimento é mais alto que no processo artesanal: uma tonelada de cana resulta em 190 litros de cachaça.

Como se trata de produção em larga escala, as empresas recolhem destilados de vários produtores e os uniformizam de acordo com seu padrão industrial. É o que se chama de estandardização. Um dos procedimentos, autorizado por lei, é adoçá-los para torná-los mais suaves.

Vamos ao que interessa

A cachaça é uma bebida rica, que pode apresentar nuances particulares de acordo com a origem, o alambiqueiro que a elaborou, a tradição da região onde foi produzida e o processo de destilação. Isso requer alguns cuidados de quem quer ser um apreciador de cachaça bem informado. Da compra à degustação, vale a pena contar com critérios que ajudam a desvendar esse ícone nacional.

A compra

A cachaça está em todo o território brasileiro e tem na produção artesanal uma forte referência de qualidade. Ela é apresentada de muitas maneiras, do engarrafamento às informações do rótulo. Um caminho para realizar uma boa escolha é optar pelas garrafas de vidro claro, transparente e liso. Elas permitem observar o líquido – se está claro, límpido, sem partículas suspensas. Permitem ainda que se faça um importante teste visual antes de efetuar a compra.

Análise do rosário: consiste em sacudir a garrafa e verificar o colar de bolhas que se forma sobre o líquido, no gargalo. Essas bolhas são fugazes e indicam a qualidade e a higiene da produção. Não podem parecer espuma de sabão nem durar mais que quinze segundos.

✔ No mesmo teste, podem-se analisar ainda as bolhas que se formam no interior do líquido. Estas também devem ser ligeiras (quinze segundos) e demonstram capricho no processo de destilação, além de boa graduação alcoólica. Cachaça malfeita, com infusões ou misturas indesejáveis, apresenta rosário espumoso.

Contraponto: alguns produtores optam por comercializar seu produto em garrafa de cerâmica, PET, louça, lata, barrilete etc. Não há estudos conclusivos sobre a interferência desses materiais nas características da bebida. Nesses casos, é importante observar se a embalagem está bem vedada.

A tampa: pode ser de rosca, rolha, chapinha de metal, alumínio, com conta-gotas. Qualquer que seja o material, é preciso certificar-se de que a tampa cumpre sua função, que é proteger a bebida, vedando-a completamente. Isso evita evaporação e o ataque de microorganismos indesejáveis.

✔ As cachaças acondicionadas em barriletes correm o risco de ter o volume alterado devido à evaporação provocada pela porosidade da madeira.

O rótulo: a garrafa da cachaça deve trazer algumas informações obrigatórias, que auxiliam o consumidor na escolha do produto:

- ✔ nome do produtor e engarrafador, com razão social, endereço, CNPJ, inscrição estadual e registro no Ministério da Agricultura;
- ✔ tipo de produção: industrial (também chamada de estandardizada) ou artesanal;
- ✔ graduação alcoólica;
- ✔ envelhecimento;
- ✔ nota informando se é adoçada;
- ✔ outras características: infusões, batidas, misturas; correção de cor com caramelo; cortes (misturas de cachaças).

TROCANDO EM MIÚDOS

Quanto à graduação alcoólica, a cachaça pode ser:
- ✔ Suave: de 38% a 41,9% do volume.
- ✔ Leve: de 42% a 44,9% do volume.

- ✔ Encorpada: de 45% a 48% do volume.

Quanto ao envelhecimento:
- ✔ Branca, pura, nova ou crua: descanso de dois a quatro meses em tonéis de material inerte.
- ✔ Envelhecida: de 12 a 24 meses em barricas ou dornas de madeira de 100 a 700 litros, lacradas e datadas.
- ✔ Amaciada ou matizada: mistura de cachaça crua com envelhecida.
- ✔ Reserva especial: envelhecida por mais de 24 meses.

Armazenagem

Não tem frescura. Se bem vedada, basta manter a garrafa em pé, em local protegido do calor e de grandes variações climáticas. Um bom armário é o suficiente.

Chorinho

Por ser uma bebida estável, não-perecível e de teor alcoólico elevado, tem prazo de validade indeterminado.

Aos tragos, enfim

Agora, sim, começa a melhor parte. Degustar a cachaça, beber observando as características da bebida, prestando atenção nos detalhes. Daqui para frente não há pressa. Há quem use taças de vinho, minicopos, taças de licor. Como não estamos aqui para nos tornar "cachaçófilos" ou "pingófilos" (se preferir, *cachacier* e *cachacière*, decalques de *sommelier* e *sommelière*, tão em moda), bastam um copo transparente e limpo e estar com os sentidos e a cabeça abertos para o prazer rústico que essa bebida propicia.

Análise visual

Ao erguer o copo (sempre pela base) até a altura dos olhos, observe se a bebida está límpida e brilhante. Analise ainda a cor e a viscosidade. Uma bebida límpida, transparente, sem partículas, indica higiene na produção. Pela cor, vê-se se a cachaça é envelhecida ou não. A madeira da barrica usada no envelhecimento transfere tons de amarelo-claro a ouro para o líquido. Uma cachaça crua é branca. Alguns produtores usam o artifício de colorizar a cachaça com calda de caramelo. A prática é criticada por alguns, mas aceita pela legislação brasileira.

Análise olfativa

A cachaça deve lembrar a matéria-prima, a cana-de-açúcar. Esperam-se de uma boa bebida aromas de melaço, rapadura, garapa, alambique. São cheiros rústicos, intensos e agradáveis. Algumas cachaças envelhecidas revelam a madeira utilizada nas barricas. Algumas são neutras, como o amendoim, outras mais aromáticas, como o eucalipto.

Análise gustativa

Relembrando uma breve lição de anatomia:

Sabor doce: percebe-se na ponta da língua.

Sabor ácido: percebe-se nas laterais da língua.

Sabor amargo: percebe-se no fundo da língua.

Sabor salgado: percebe-se nas laterais anteriores da língua.

O sabor não é a única variante a se notar numa análise gustativa. As sensações tátil – produzida pelo contato físico da bebida na boca – e térmica – o calor que ela provoca – também são importantes na avaliação. A cachaça de qualidade não amarra a boca, não é adstringente, não desce arranhando, não pica a língua, não queima.

Por fim, observe se a análise gustativa está coerente com os aromas observados anteriormente. Se estiver, você terá encontrado uma bela cachaça.

Envelhecimento

Quanto ao envelhecimento em madeira, as cachaças obedecem às seguintes regras:

Cachaças Premium e Extra Premium são 100% envelhecidas em madeira, ou seja, não há corte, mistura com outras cachaças novas. O rótulo ou contra-rótulo deve informar o tempo de envelhecimento.

Em cortes entre cachaça Premium, aguardente Premium, cachaça Extra Premium e aguardente Extra Premium, a idade informada é o tempo de envelhecimento da bebida mais jovem.

Em cortes entre cachaça Extra Premium e aguardente Extra Premium, a idade apontada no rótulo é a média entre elas.

A influência da madeira

Durante o envelhecimento, a cachaça "troca figurinhas" com a madeira. Esse contato pode realçar qualidades e aprimorar a bebida, mascarar problemas e neutralizar defeitos ou mudar suas características, alterando sabor e aroma. O envelhecimento em madeira é uma alternativa à cachaça crua e, por isso mesmo, sua interferência deve ser equilibrada, inteligente. O período de contato também precisa ser levado em conta. Muitos anos em madeira comprometem as características originais. Da mesma forma, espécies muito aromáticas podem se intrometer negativamente na bebida.

São consideradas madeiras boas para envelhecimento de cachaça: amendoim, carvalho, castanheira, garapa, jequitibá, freijó, vinhático. São espécies que permitem o amadurecimento da bebida, respeitando sua personalidade.

Contraponto: o uso do carvalho, uma tradição em amadurecimento de vinho, é visto com maus olhos por alguns conhecedores. Segundo eles, a cachaça não tem nada a ver com essa madeira e sua fragrância de baunilha.

Outras madeiras menos nobres: angelim-araroba, bálsamo, eucalipto, ipê, louro, sassafrás, alecrim-rosa, carvalho-brasileiro, peroba-rosa, peroba-amarela etc. Algumas dessas espécies são muito aromáticas e, quando mal usadas, mascaram as características da cachaça.

Chorinho

O estado de São Paulo produz 60% da cachaça nacional, mas é de Parati, no Rio de Janeiro, e da região de Salinas, em Minas Gerais, que saem as marcas mais reverenciadas pelos apreciadores.

TROCANDO EM MIÚDOS

Cachaça, mas me chamam de: abençoada, abre-apetite, abre-coração, abrideira, acalma-nervo, adormece-virgem, água-benta, água-de-briga, água-doce, água-lisa, água-maluca, água-pé, água-que-passarinho-não-bebe, agüinha, alpiste, amansa-corno, amansa-sogra, amorosa, anjo-da-guarda, apaga-tristeza, a-que-matou-o-guarda, arrebenta-peito, assobio-de-cobra, azulada, azuladinha, azul-zinha, bagaceira, boa-idéia, bota-fora, branca, bra-va, cabreira, café-branco, calorenta, cana-capim, capote-de-pobre, cascabulho, cascavel, cem-virtu-des, chapuletada, chica-boa, chora-menina, choro, cobertor-de-pobre, consola-corno, cura-tudo, dana-da, depurativo, desgraça, distinta, dormideira, elixir, engasga-gato, engorda-marido, espanta-moleque, esquenta-corpo, extrato-hepático, faísca, filha-do-engenho, fogo-molhado, garapa-doida, goró, gra-mática, grogue, iaiá-me-sacode, inspiração, jurupin-ga, lágrima-de-virgem, levanta-velho, limpa-olho, mamãe-de-luanda, maria-branca, maria-meu-bem, menina-de-azul, meu-consolo, mijo-santo, mulatinha, negrita, nó-cego, número-um, parati, passa-raiva, pau-de-urubu, pau-selado, pé-de-briga, perigosa, proletária, quebra-gelo, quebra-munheca, saideira, santa-branca, sputnik, sumo-de-cana, suor-de-alambique, talagada, tira-prosa, tira-vergonha, tode-de-garrafa, três-tombos, uísque-de-pobre, urina-de-santo, veneno, vexadinha, virgem, virtude, ximbica, zombeteira, zuninga.

Dose dupla

- ✔ A palavra "pinga" deriva do processo de destilação em alambique, em que o vapor se condensa lentamente, aos pingos.
- ✔ Uma diferenciação que se faz entre cachaça e pinga é que a primeira é destilada a partir da borra ou do melaço da cana, ou seja, das sobras da fabricação do açúcar, enquanto a segunda é fabricada a partir da garapa, do caldo de cana fermentado.

MISTURINHAS

Caipirinha

O Decreto nº 4.851 estabelece o seguinte: "Caipirinha é a bebida típica brasileira, com graduação alcoólica de 15% a 36% em volume, a 20 ºC, obtida exclusivamente com cachaça, acrescida de limão e açúcar". É inadequado, portanto, o uso das expressões caipirinha de vodca, caipirinha de rum, caipirosca, caipirinha de saquê etc.

É assim que se faz:

- ✔ 1/2 limão-taiti
- ✔ 2 colheres (sopa) rasas de açúcar
- ✔ 2 doses de cachaça
- ✔ 3 a 5 cubos de gelo

Corte o limão em cinco partes, descartando as sementes e a parte branca. Num copo de vidro, coloque os pedaços de limão, acrescente o açúcar e amasse com um socador de madeira. Adicione a cachaça e mexa até que todo o açúcar se dissolva. Acrescente o gelo, mexa e sirva sem coar.

Batida de coco

- ✔ 1 vidro pequeno de leite de coco
- ✔ Água na mesma medida
- ✔ 1 lata de leite condensado
- ✔ Cachaça na mesma medida

Bata tudo no liquidificador e sirva gelado.

Rabo de galo

- ✔ 1 dose de cachaça
- ✔ 1 dose de vermute tinto

Num copo alto, coloque os ingredientes e sirva em temperatura ambiente.

53

Batida de abacaxi

- ✔ 1 medida de suco de abacaxi
- ✔ 1 medida de cachaça
- ✔ 1 colher (chá) de açúcar
- ✔ Gelo picado
- ✔ Suco de 1/2 limão

Agite tudo numa coqueteleira e sirva.

UÍSQUE, DESTILADO DE CATEGORIA

Quase um símbolo de refinamento, o uísque exige certa maturidade do apreciador. É uma bebida adulta para adultos, e conhecê-la na intimidade é como adquirir poder, distinção, caráter. A afirmação parece idealizada e até um pouco romântica, mas no mundo inteiro é assim. Ser um bom bebedor de uísque sugere qualificação pessoal. O mesmo acontece com o vinho e o conhaque. São bebidas que levam o apreciador a um avanço cultural, pois pedem uma busca por conhecimento. Muitos países fazem bons uísques, mas é na Escócia que está o melhor lastro dessa bebida tão prestigiada.

Dose dupla

- ✔ *Whisky* não é *whiskey*. Embora não haja rigor no emprego dessas palavras, *whisky* é usada para identificar a bebida elaborada exclusivamente na Escócia, enquanto no resto mundo se usa *whiskey*.
- ✔ *Scotch* é uma denominação exclusiva do uísque escocês. A expressão é vetada inclusive a destilarias de outros países que usam malte importado da Escócia.

Tipos de uísque

Antes de nos aventurarmos pelos países produtores, é importante conhecer as classificações de uísque:

Single malt (uísque de malte): elaborado exclusivamente com cevada, em uma única destilaria, sem qualquer mistura de grãos. É destilado em alambique *pot*.

***Standard blend* ou *blended* (mistura):** é a mistura de vários uísques de malte (entre 25% e 35% do volume) e de grãos originários de várias destilarias. Não consta no rótulo a idade do uísque. As marcas mais conhecidas elaboram seu *standard blend*. Exemplos: Johnnie Walker Red Label, Ballantine's, White Horse, Teacher's.

***Deluxe blend*:** a principal diferença em relação ao *standard blend* é que no *deluxe blend* se usam maltes melhores e em porcentagens maiores. Traz no rótulo a idade do uísque, geralmente acima de 12 anos. Exemplos: Johnnie Walker Black Label – 12 anos, Chivas Regal – 12 anos, Ballantine's – 12 anos, Old Parr.

***Super luxe blend*:** são uísques com mais tempo de envelhecimento, obtidos da mistura nobre de maltes. Em geral, são bebidas de 15, 18 e 30 anos. Exemplos: Johnnie Walker Green Label – 15 anos, Johnnie Walker Gold Label – 18 anos, Chivas Regal – 18 anos, Ballantine's – 30 anos.

Grain whisky **(uísque de grãos):** elaborado com cereais como trigo, milho e centeio.

Chorinho

Um *blended* é composto de 35 a 200 uísques diferentes.

Escócia, uísque de *pedigree*

"Oito barris de malte para o padre John Corr." Essa é a primeira menção escrita ao uísque escocês. Consta num documento de 1494 que listava impostos a pagar. Isso não quer dizer que a bebida tenha sido inventada nesse período. Suspeita-se que muito antes ela já era fabricada para fins medicinais. Aliás, a Igreja católica e a medicina são responsáveis por muitas "maravilhas engarrafadas" que encantam a humanidade.

E o que tem a Escócia de diferente para justificar o *status* de produtor do melhor uísque do mundo? A resposta é de uma paradoxal singeleza para uma bebida de tanta força: uma água pura e cristalina, uma linda flor cor-de-rosa batizada de urze e um solo especial chamado turfa. Está aí, nesses três ingredientes naturais, o segredo do uísque escocês. Um segredo conhecidíssimo, porém inimitável, exclusivo.

A natureza caprichou

Há milhões de anos, nas terras onde hoje está a Escócia, existia uma imensa floresta. Com o tempo, árvores, flores, arbustos e ervas dessa floresta foram se decompondo, dando origem a um solo orgânico único: a turfa.

A turfa é um material inflamável que faz muita fumaça e pouca chama. Usada no processo de secagem da cevada (maltagem), ela transfere um sabor defumado característico ao malte. Além desse sabor tão rico, o processo dota o malte de aromas e outros sabores especiais cedidos pela urze, a flor que cobre os campos montanhosos da Escócia. Isso porque a água da chuva banha as urzes, capta seu perfume, mistura-se às águas puríssimas das fontes e, finalmente, escorre pela turfa. Esse caminho tão delicado vai parar dentro do copo, na dose de um autêntico *scotch whisky*.

Lindo? Sim, e tem mais um detalhe: os uísques produzidos em ilhas escocesas trazem também a brisa marítima no sabor e nos aromas. Nuances de salgado e algas são herdadas por uísques que passaram por longos períodos de envelhecimento a baixas temperaturas. A madeira dos barris absorve a influência marítima e dissemina-a pela bebida. Em alguns uísques, nota-se ainda a presença de iodo, proveniente de uma alga marrom chamada *kelp*.

Regiões produtoras

São cinco as regiões produtoras de uísque na Escócia: Speyside, Highlands e Islands, Islay, Lowlands e Campbeltown.

Speyside: nordeste da Escócia. É a mais conhecida região produtora de uísque do mundo. As destilarias ficam próximas aos rios Livet, Spey, Fiddich e Lossie, todos de águas muito puras. As destilarias próximas ao rio Livet produzem uísques leves, frutados, com toques florais. São muito finos, com aroma defumado e final adocicado. O uísque elaborado próximo ao rio Lossie tem sabor bem nítido de malte, devido à qualidade da cevada cultivada ali. São bebidas encorpadas e defumadas. Próximo ao rio Spey, produzem-se uísques encorpados, licorosos, masculinos.

Desce uma

Cragganmore, Dallas Dhu, The Macallan, Glen Grant, Strathisla, Glen Moray, Cardhu, Glen Elgin.

Highlands e Islands: as Highlands (terras altas) ficam ao norte do país. Ali se produzem os uísques mais conhecidos do mundo, alguns encorpados e oleaginosos, outros leves e secos, e ainda os de tons florais e de final prolongado. As bebidas são influenciadas pelo malte e pela turfa. As Islands são formadas pelas ilhas de Jura, Mull, Skye e Orkney.

Desce uma
Chivas Regal, Tobermory, Isle of Jura, Glengoyne, Glenmorangie, Dalmore, Talisker. Na ilha de Skye é feito o delicioso licor de uísque Drambuie.

Islay: trata-se de uma pequena ilha a sudoeste da Escócia que acolhe oito destilarias. O *malt whisky* produzido nessa região é muito defumado, seco e intenso. Um Islay Single Malt tem personalidade forte. Uma referência comum a esse uísque é a frase "ame-o ou deixe-o".

Desce uma
Ardbeg, Caol Ila, Lagavulin, Laphroaig.

Lowlands: fica ao sul da Escócia. É a maior região produtora de *grain whisky* do país. Diferencia-se das outras regiões por não apresentar os campos de urze e os rios cristalinos que caracterizam a Escócia. Os uísques são leves, um pouco frutados e sutilmente adocicados, agradáveis ao paladar feminino. Sem a presença marcante da turfa, eles são mais neutros e muito usados em coquetéis.

Desce uma
Auchentoshan, Rosebank, North British, Cameronbridge (os dois últimos, de grãos).

Campbeltown: a sudoeste do país. É a menor região produtora da Escócia. Chegou a abrigar dezenas de destilarias, mas hoje apenas duas estão na ativa, produzindo *single malts* fortes, encorpados e generosos. Com três costas voltadas para o mar, a região recebe muita influência das brisas marítimas, daí a presença de iodo no uísque. Campbeltown era usada para despachar uísque para o resto do mundo durante a Segunda Guerra Mundial.

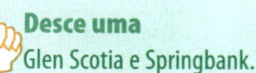

Desce uma
Glen Scotia e Springbank.

Fazendo uísque de malte

O malte: é o resultado da maltagem. O procedimento consiste em transformar o amido da cevada em açúcar para que possa ser fermentado, ou seja, transformado em álcool. A cevada é mergulhada em água fria, trocada duas ou três vezes, por um período de 48 a 60 horas, para provocar sua germinação. Após essa etapa, a cevada é espalhada numa superfície plana, onde é remexida regularmente. A operação visa manter a temperatura dos grãos homogênea. Começa então a germinação da cevada, que dura de oito a doze dias. Quando os brotos começam a nascer, a cevada atinge o nível ideal de açúcar. A cevada é transferida para os fornos aquecidos com carvão mineral (coque) e turfa. Pronto, já temos o malte deliciosamente defumado.

Chorinho
Hoje, empresas especializadas fornecem malte com diferentes níveis de torrefação, tanto para destilarias como para cervejarias. Poucas marcas elaboram seu próprio malte.

Moagem: o malte e os grãos são triturados por moendas rolantes ou martelos hidráulicos até adquirirem a aparência de uma farinha. Quanto mais fina for essa farinha, mais substâncias fermentáveis é possível extrair.

Maceração: a farinha é mergulhada em água quente para dar origem ao mosto rico em açúcar de cevada.

Separação: o líquido obtido passa por um processo de separação do mosto e da parte sólida. A parte líquida segue para a fermentação, e a sólida é reaproveitada para fazer ração animal.

Fermentação: o mosto é transferido para grandes recipientes de madeira ou aço inoxidável e mantido a uma temperatura próxima a setenta graus. Nessa fase, acrescentam-se leveduras para desencadear a fermentação e obter o líquido alcoólico.

Destilação: o líquido alcoólico é submetido a duas destilações em alambiques *pot*. Como na maioria das bebidas destiladas, apenas o coração é aproveitado. A cabeça e a cauda são descartadas.

O uísque sai do segundo alambique e segue para o envelhecimento em barricas de carvalho, onde vai adquirir cor e sabor.

Fazendo uísque de grãos

O uísque de grãos contém cerca de 10% de malte, sendo o restante composto de outros grãos, como milho e trigo. A conversão do amido dos grãos em açúcar é feita da seguinte forma: rompem-se as células do amido por um processo que consiste em cozinhar os grãos e agitá-los por um período de três horas e meia. O amido é transferido para um tanque junto com o malte, onde será convertido em açúcar e fermentado. O líquido obtido passa por um alambique contínuo para ser destilado. Nesse processo, o líquido alcança até 95% de teor alcoólico.

Chorinho
Apenas sete destilarias escocesas produzem uísque de grãos.

Envelhecimento

Todo uísque, de malte ou de grãos, é envelhecido por no mínimo três anos, antes que possa ser usado na composição de um *blended*.

Usam-se barricas de carvalho americano já utilizado no amadurecimento de Jerez, o vinho fortificado espanhol, ou de *bourbon*, o uísque americano.

O ano informado no rótulo representa a idade do uísque mais jovem entre todos os que compõem o *blended*.

De acordo com o tempo de envelhecimento, o uísque é classificado como Standard ou Premium.

- Standard: uísque com 8 anos ou menos.
- Premium: uísque com mais de 12 anos de envelhecimento.

Dose dupla

- Barricas de Jerez: transferem ao uísque sabor frutado, tons mais escuros e mais corpo.
- Barricas de *bourbon*: transferem sabor de baunilha e especiarias ao uísque, o que o torna leve e delicado.

Questão de faro

Quem faz o *blended*, afinal? O *master blender* (misturador mestre), que é a figura mais importante de uma destilaria. Ele é o profissional encarregado de selecionar os uísques de grãos e malte que vão compor o *blended*. O *master blender* chega a avaliar mais de quinhentas amostras de regiões diferentes para criar um único uísque.

A carreira exige algumas responsabilidades. Por exemplo, o *master blender* só pode se aposentar após o treinamento do substituto, o que demora em média dez anos. O desafio do novo profissional é perpetuar a qualidade, a cor e o sabor do uísque da casa, por isso o entendimento entre eles é muito importante.

Inacreditável!

Para desempenhar essa tarefa, o *master blender* usa o olfato, não o paladar. Isso o leva a ter uma rotina muito especial. Por exemplo, ele evita ficar perto de fumantes e de pessoas que usam perfume e toma todos os cuidados para nunca ficar resfriado. Tanta entrega faz dele o funcionário mais bem remunerado da destilaria e que deve satisfação apenas ao presidente da empresa.

Terras irlandesas

A República da Irlanda e a Irlanda do Norte formam uma região com vocação para bons uísques e boas cervejas. Não é para menos. A ilha tem clima propício para o cultivo de cevada, embora o solo não favoreça a agricultura. É úmida, mas com pouca chuva, e não faz calor nem frio. Essas condições favoráveis explicam a presença da destilaria mais antiga do mundo, a Bushmills, de 1608, na Irlanda do Norte. A tradição religiosa, apesar das tensões entre católicos e protestantes, também contribuiu para a elaboração do uísque. Os mosteiros, como se sabe, eram grandes laboratórios de remédios, que mais tarde se tornariam bebidas apreciadas no mundo inteiro.

Poucas destilarias. Por quê?

O século XX não foi muito generoso com essa região. No começo do século, quando explodiu a guerra de independência da Inglaterra, a ilha perdeu todo o mercado do Império Britânico. Apenas os Estados Unidos consumiam seu uísque, mas esse território também se fechou por conta da Lei Seca, em 1920. Outro impacto na produção irlandesa ocorreu na Segunda Guerra Mundial, quando a matéria-prima desapareceu.

Já nos anos 60, católicos e protestantes fizeram da Irlanda do Norte – a antiga província do Ulster, ligada ao Reino Unido – palco de um longo conflito. Foram três décadas de beligerância, apaziguadas recentemente pelo acordo intermediado pelo governo trabalhista de Tony Blair.

Assim...

Não há indústria que agüente. E, para completar, os irlandeses adotam um método de produção que despreza alguns dos atributos que deram certo na vizinha Escócia. Um deles é a turfa.

A ilha tem grande extensão desse solo tão especial, mas raramente ele é usado na maltagem da cevada, portanto não espere do uísque irlandês o toque defumado de um *scotch*. O processo de destilação, em alambique *pot*, também é oneroso e lento, o que impõe sacrifícios ao fabricante.

Por outro lado...

O uísque local tem qualidades exclusivas. Por exemplo, a combinação da cevada maltada com a não maltada, que confere personalidade à bebida, além de trigo e milho. Faz-se tripla destilação, e o envelhecimento é feito em barricas usadas de *bourbon*, Jerez e vinho de Marsala. Mais recentemente, o carvalho novo passou a ser usado na Irlanda. Assim, o país elabora um uísque oleoso, encorpado, seco, levemente perfumado.

Destilarias

Midleton: elabora o famoso Jameson.

Bushmills: é a mais antiga destilaria do mundo. Produz o Bushmills.

Cooley: é a única na Irlanda a usar turfa na elaboração do uísque.

Na comanda

O *Irish coffee* é uma mistura de uísque, café e creme de leite. Os licores Baileys Original Irish Cream e Carolans são feitos de uísque e creme de leite. As três bebidas levam uísque irlandês.

Estados Unidos: lá se fazem *bourbon*, *rye* e *tennessee*

Se hoje os Estados Unidos têm prestígio como produtor de uísque, muito se deve à chegada dos imigrantes escoceses e irlandeses a terras americanas no século XVII, fugindo da perseguição da Inglaterra. Na Pensilvânia, onde eles primeiro se estabeleceram, elaboraram um uísque de trigo e centeio, o *rye*. Mais tarde, quando o norte do país passou a atrair esses novos moradores, iniciou-se uma busca por alternativas ao trigo e ao centeio, culturas prejudicadas pelas baixas temperaturas. O milho, cultura comum no local, surgiu então como a principal opção para a produção da bebida. Estão aí, assim, as matérias-primas que deram origem aos uísques americanos: *bourbon*, *rye* e *tennessee*.

Bourbon: esse uísque tem em sua composição pelo menos 51% de milho. O restante pode ser de outros grãos, como trigo, cevada maltada e centeio. O sabor de baunilha característico provém do envelhecimento por dois anos, no mínimo, em carvalho novo americano, tostado por dentro. Essa é uma exigência legal para que o uísque seja identificado como *bourbon*. É uma bebida aromática, adocicada, com toques de baunilha e caramelo. Em geral, é comercializada com 4 a 12 anos de idade.

Chorinho

O nome *bourbon* vem do condado de Bourbon, no estado de Kentucky, onde primeiro se elaborou esse uísque no país. Isso não quer dizer que todo *bourbon* é feito em Kentucky. Outros estados podem elaborá-lo, desde que respeitem a legislação que o regulamenta.

Desce uma

Jim Beam (o mais vendido), Maker's Mark (o mais antigo, de 1805), Four Roses e Old Rip Van Winkle.

Rye: uísque com no mínimo 51% de centeio, mais cevada maltada e milho. Na elaboração, não se separam os grãos no cozimento e na destilação. Também é envelhecido em carvalho americano, tostado por dentro, por dois anos. A barrica é usada apenas uma vez. Em geral, é um uísque suave, embora encorpado, com presença marcante de especiarias.

Desce uma
Rittenhouse e Old Overholt.

Tennessee: trata-se de um uísque muito parecido com o *bourbon*, mas que não pode ser assim identificado por causa do processo de elaboração diferenciado. O resíduo da destilação anterior é acrescentado ao mosto seguinte, como forma de garantir identidade de sabor em todas as etapas. Outra diferença importante está na filtração. O *tennessee* é filtrado antes e depois do envelhecimento, enquanto o *bourbon* é filtrado apenas uma vez, após o envelhecimento. Muitos uísques americanos são feitos assim. A garrafa traz as expressões *sour mash* ou *sipping whisky*, que quer dizer uísque para bebericar.

Dose dupla

✔ Fundado em 1866, no estado do Tennessee, o famoso Jack Daniel's fechou as portas em 1910, em decorrência de uma lei local que proibia a venda de bebidas alcoólicas. Observe que essa lei antecede a Lei Seca em dez anos. Pois bem, em 1938 a destilaria retomou as atividades no mesmo local, na cidade de Lynchburg, com pouco mais de trezentos habitantes, onde até hoje a venda de bebidas alcoólicas é proibida.

✔ O Jack Daniel's passa, gota a gota, por uma coluna de carvão vegetal feita com a madeira de *maple*, árvore conhecida nos Estados Unidos e no Canadá pela seiva doce. Essa coluna tem aproximadamente três metros de altura e cada pingo leva dez dias para percorrê-la. Esse tipo de filtração chama-se *charcoal mellowing*.

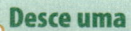

Desce uma

Jack Daniel's, Gentleman Jack, Single Barrel (os três produzidos pela mesma empresa), George Dickel.

Chorinho

As palavras *straight bourbon* ou *rye* impressas no rótulo dos uísques americanos indicam que não houve adição de destilados neutros.

No Canadá também tem

O uísque canadense costuma ser descrito como uma bebida leve e delicada. Há uma razão curiosa para isso: a maior parte tem uma pequena porcentagem de vinho (o Jerez é bastante usado), suco de fruta ou fermentado de ameixa. Embora o limite não ultrapasse 2%, são esses ingredientes que conferem os toques agridoces e frutados ao uísque canadense.

Outra característica da produção nesse país é a combinação de destilados de centeio com destilados de outros grãos, como o milho, que podem chegar a 80% da composição do uísque.

O envelhecimento é feito em carvalho novo, de *bourbon*, Jerez ou conhaque.

Chorinho

O Canadá tem treze destilarias, sendo a mais conceituada a Hiram Walker, produtora do Canadian Club.

Inacreditável!

O maior produtor mundial de uísque não está na Escócia, nem na Irlanda, nem nos Estados Unidos. Está no Japão. É a Suntory, em Hakushu, que produz mais

> de cinqüenta milhões de litros de uísque de grãos ou malte por ano. O segundo produtor japonês é a Nikka, em Hokkaido, que também faz uísque de grãos e malte. Mas o uísque nipônico mais badalado (e caro) é o Kirin, um *blended* com até 40% de malte, parecido com os *scotchs*.

Aos tragos, enfim

Numa degustação técnica, o ideal é usar a taça ISO, adotada para vinhos, que permite boa observação dos aromas da bebida. Mas aqui estamos interessados apenas em apreciar um bom uísque, sem ter de, para isso, anotar dados em fichas de pontuação.

Copo *old-fashioned*, para servir uísque

Taça ISO

Vamos lá:

O ideal é deixar o uísque descansar por cerca de trinta minutos no copo. Isso ameniza o álcool inicial, que atrapalha a percepção dos aromas.

Vale a pena observar a cor da bebida, que pode ser amarela, dourada ou âmbar. A cor é resultado do contato com a madeira. Portanto, quanto mais tempo em barrica, mais material corante o uísque vai herdar.

Para potencializar os aromas, existe um truque adotado por muitos bons bebedores: acrescentar algumas gotas de água ao uísque.

Em geral, é possível observar aromas defumados (da turfa), florais (da urze), de baunilha (do carvalho), de algas (influência marítima), de especiarias (mistura de grãos).

Na boca, o uísque pode ser encorpado, licoroso, leve, suave, macio ou alcoólico.

Chorinho

Por ter alto teor alcoólico, o uísque é de fácil armazenagem. Basta evitar locais ensolarados e guardar a garrafa com a tampa bem fechada. É uma bebida que dura muito tempo, por isso existem os famosos clubes do uísque, que permitem ao cliente ter a própria garrafa guardada no bar para consumo exclusivo.

MISTURINHAS

Manhattan dry

- ✔ 2 cubos de gelo
- ✔ 2/3 de uísque
- ✔ 1/3 de vermute branco seco
- ✔ Um pouco de angustura
- ✔ 1 azeitona
- ✔ Casca de limão

Coloque o gelo num copo de mistura. Acrescente o uísque, o vermute e a angustura. Misture bem e coe em uma taça grande. Espete a azeitona num palito e junte ao coquetel. Esprema a casca de limão por cima para aromatizar a bebida e sirva.

Whisky cobbler

- ✔ 4 ou 5 cubos de gelo
- ✔ 1 rodela de laranja sem casca
- ✔ 1 colher (sobremesa) de açúcar
- ✔ Suco de 1/2 laranja (de preferência, laranja-pêra)
- ✔ 1 dose de uísque
- ✔ Soda gelada para completar

Triture o gelo e coloque-o numa taça grande. Corte a rodela de laranja em triângulos pequenos e coloque sobre o gelo. Polvilhe com açúcar e acrescente o suco de laranja e o uísque. Misture com delicadeza e complete com soda. Sirva com canudinho.

Irish coffee

- ✔ 1 colher (chá) de açúcar mascavo
- ✔ 1 dose de uísque irlandês
- ✔ 1 xícara (café) de café forte
- ✔ 2 colheres (sobremesa) de *chantilly*
- ✔ Canela em pó

Taça para
Irish coffee

Num copo preaquecido, coloque o açúcar mascavo, o uísque e complete com o café. Aqueça um pouco e sirva com o *chantilly*. Polvilhe com canela. Esse coquetel é muito apreciado como digestivo, após as refeições.

CONHAQUE: JÁ ESTAMOS NA FRANÇA!

"Todo conhaque é um *brandy*, mas nem todo *brandy* é um conhaque."

O que há de mais interessante nessa frase, muito usada para se referir à singularidade do conhaque, é o orgulho francês que ela insinua. De fato, para um *brandy* – que é um destilado de uva – ser chamado de conhaque, tem de apresentar seu DNA, ou seja, vir da região de Cognac, a pouco mais de cem quilômetros de Bordeaux, onde são elaborados alguns dos mais caros vinhos do mundo.

Cognac é uma *appellation d'origine contrôlée*. Isso significa que a produção de conhaque obedece a regras e leis locais. Em nenhum outro lugar do mundo é permitido o uso da palavra *conhaque* para identificar um *brandy*.

Outra história

A excelência das uvas francesas é um grande trunfo na produção de vinhos. Já na elaboração do conhaque, a matéria-prima não precisa ser tão nobre. Na verdade, o conhaque vai adquirir realeza somente na destilação e no envelhecimento. Aí, sim, vinho e conhaque começam a se distanciar.

Antes de entrar nesse assunto, é bom conhecer as uvas. O conhaque é feito com uvas brancas. A principal delas é a Ugni Blanc, de amadurecimento lento, que está longe da categoria da Chardonnay ou da Sauvignon Blanc. Também são usadas, em proporções menores, a Colombard e a Folle Blanche. São cepas pouco valorizadas pelas vinícolas francesas por serem de alto rendimento e resultarem em vinhos sem graça. Mas, para o conhaque, são perfeitas, pois a alta acidez que as caracteriza favorece a destilação. E destilação é outra história.

Bidestilação

O conhaque é destilado duas vezes em pequenos alambiques de cobre, os *charentais*, único equipamento autorizado na região. Como na maioria dos destilados, apenas o coração (aproximadamente 70% do total) é usado na elaboração do conhaque. Terminada a destilação, inicia-se a fase mais importante da bebida: o envelhecimento.

Envelhecimento

Para que a bebida se chame conhaque, o envelhecimento só pode ser feito em barricas de carvalho francês proveniente das florestas de Limousin e Tronçais. A umidade da adega (*chai*, em francês) interfere muito na qualidade da bebida. Umidade demais torna o conhaque fraco, sem estrutura. Umidade de menos faz com que o *brandy* perca mais água que álcool, resultando numa bebida dura, pesada. As condições perfeitas para o envelhecimento são encontradas às margens do rio Charente, que concentra grande número de adegas antigas.

Chorinho

Estes são os volumes das barricas para envelhecimento de conhaque: 270 litros e 450 litros. Durante o processo de evaporação, o *brandy* torna-se mais rico em fragrâncias, mais suave e menos alcoólico. São transformações que ocorrem muito devagar. Ao final do processo, a bebida apresenta cerca de 40% de álcool e herda do carvalho as deliciosas nuances de baunilha e *crème brûlée*, além da cor âmbar.

Inacreditável!

A bebida perde entre 2% e 5% de álcool por ano durante o envelhecimento. É o que se chama de "cota dos anjos". Estima-se que em Cognac os anjos se embebedem com vinte milhões de garrafas de *brandy* anualmente.

Que letras são essas?

É bom lembrar que o conhaque é resultado de vários destilados diferentes de vinho. A classificação é feita pela idade do *brandy* mais jovem a compor o corte, mesmo que a média dos *brandies* utilizados seja de 35 anos, por exemplo.

- **VS (Very Special) ou três estrelas:** 2 anos.
- **VSOP (Very Superior Old Pale):** 4 anos.
- **XO (Extra Old) ou Napoléon:** 6 anos.

Regiões produtoras

Cognac é formada por seis áreas produtoras: Grande Champagne, Petite Champagne, Borderies, Fins Bois, Bons Bois e Bois Ordinaires. As três primeiras concentram, em ordem decrescente de qualidade, os melhores produtores de conhaque.

Chorinho
A palavra *champagne*, aqui, não tem nada a ver com o famoso vinho de mesmo nome. Vem do latim *cam-*

pagna, campos abertos, empregada para contrapor a *bois*, bosques, em francês.

Dose dupla

✔ Grande Fine Champagne: expressão usada para conhaques elaborados com 100% de *brandies* da região de Grande Champagne.

✔ Fine Champagne: usada para conhaques que contêm 50% de *brandies* da região de Grande Champagne e 50% de Petite Champagne.

Desce uma

Courvoisier, Hennessy, Martell, Rémy Martin. Essas quatro destilarias são responsáveis por 90% das vendas de conhaque. Existem mais de duzentas marcas na região.

No Courvoisier XO, o *brandy* mais jovem tem aproximadamente 6 anos, mas a média entre todos eles é de 35 a 50 anos.

Conhaque é conhaque; vinho é vinho

Conhaque não melhora com o tempo. Ele chega pronto ao mercado.	Vinho evolui na garrafa. Alguns levam anos para atingir o auge.
Uma garrafa aberta de conhaque pode ser consumida dentro de aproximadamente um ano, sem prejuízo de suas qualidades.	A garrafa aberta de vinho deve ser consumida no dia ou, no máximo, em 48 horas, pois perde suas características rapidamente.
A garrafa de conhaque deve ser armazenada na	A garrafa de vinho deve ser armazenada na posição

posição vertical, pois o alto teor de álcool pode estragar a rolha e, por contato, a bebida.

horizontal, de modo que a rolha fique em contato com a bebida e não resseque.

O degustador de conhaque mantém o nariz a certa distância do copo e sorve a bebida em goles pequenos, procurando perceber sua suavidade.

O degustador de vinho, com o nariz enterrado no copo, aspira profundamente seus aromas e sorve-o em goles generosos.

Aos tragos, enfim

É difícil não se encantar com aquela taça bojuda, desenhada para ser envolvida pelas duas mãos, muito lembrada quando se fala em conhaque. Da mesma forma, o ritual de aquecer o copo numa chama para "provocar" os aromas da bebida é realmente sedutor. Pois, na região de Cognac, o copo mais usado parece uma chaminé e pode, sim, ser aquecido com as mãos, mas nunca no fogo – especialistas dizem que isso "tumultua sabores e aromas".

Taça para conhaque

Qualquer que seja o copo ou o nível de conhecimento do degustador, espera-se de um bom conhaque:

- ✔ tons de ouro-velho, âmbar, caramelo;
- ✔ aromas de baunilha, fumaça, terra, frutas cítricas, flores, mel;
- ✔ sabor complexo, equilibrado, masculino;
- ✔ corpo forte, macio, redondo.

Chorinho

Os tons muito escuros podem indicar a adição de caramelo, prática autorizada por lei.

MISTURINHAS

Não é de hoje que se usa misturar café e conhaque. Essa combinação é poderosa, quente, aconchegante, ideal para aquecer e inspirar conversas no frio. Aqui vão duas receitas de inverno e uma de verão. Experimente.

Café brûlot

- ✓ 1/3 de xícara (chá) de conhaque
- ✓ 1 pau de canela
- ✓ 8 colheres (chá) de açúcar
- ✓ 4 cravos-da-índia

- 4 tiras de casca de laranja
- 4 tiras de casca de limão
- 4 xícaras (café) de café forte

Numa panela, de preferência de cobre, aqueça o conhaque com a canela, o açúcar, os cravos-da-índia e as cascas de laranja e limão. Despeje a mistura quente, sem as especiarias, em cada uma das quatro xícaras de café e sirva.

Café orange

- 3/4 de xícara (chá) de café forte e bem quente
- 1 colher (chá) de casca de laranja picada
- 1/2 cálice (licor) de conhaque
- 1 colher (sopa) de *chantilly*
- 1 espiral de casca de laranja
- Açúcar a gosto

Adoce o café, acrescente a casca de laranja e o conhaque. Coloque o *chantilly* por cima. Use a espiral de casca de laranja para enfeitar a borda da xícara. Sirva bem quente.

Swiss sunset

- ✔ 3 colheres (sopa) de suco de limão
- ✔ 3 colheres (sopa) de suco de *grapefruit*
- ✔ 4 doses de conhaque
- ✔ 4 doses de licor de laranja

Numa coqueteleira, junte todos os ingredientes com alguns cubos de gelo, bata bem e sirva.

5

ARMAGNAC, ORGULHO DA GASCONHA

"Animar o espírito, recuperar lembranças, trazer alegria aos homens, manter a juventude e retardar a senilidade."

Essas são algumas das quarenta virtudes do *armagnac*, antigo destilado de uva, relatadas no tratado médico do século XVI assinado por Vital Dufour, prior de Eauze.

No dosador

O *armagnac* tem muitas semelhanças com o conhaque, mas, se você estiver na Gasconha, terra dos três mosqueteiros da obra de Alexandre Dumas, jamais diga que um é outro, pois correrá o risco de conhecer *in loco* a valentia de D'Artagnan. O *armagnac* é a bebida destilada mais antiga da França, e não se aprova um visitante que não a conheça. Criada no século XII, essa especialidade local não tem a mesma fama do conhaque, mas é dotada de muito prestígio, tradição e refinamento.

O aprimoramento da bebida deve-se em parte aos holandeses. Para evitar o imposto de navegação pelo rio Garonne, cobrado pelos ingleses dos navios que transportavam bebidas, os holandeses passaram a destilar o vinho branco no sudoeste da França, seguindo pelo interior.

Esse *brandy* é elaborado com as mesmas uvas usadas no conhaque.

Ugni Blanc: como já dissemos, essa uva é dotada de alta acidez, o que a torna ideal para a destilação. Representa cerca de 55% das cepas cultivadas na região.

Folle Blanche: produz um *brandy* de aromas florais e foi muito usada antes que a praga da filoxera dizimasse os vinhedos da Europa.

Colombard: é usada em composição com outros *brandies*, quando se deseja dotar o *armagnac* de aromas de especiarias.

Regiões produtoras

Bas-Armagnac: fica no oeste da Gasconha. A principal uva cultivada é a híbrida Folle Blanche. Seu solo, chamado *boulbène*, é formado de areia e argila.

Ténarèze: fica no centro da Gasconha. Produz *brandies* frutados. Seu solo é um misto de *boulbène*, argila e calcário.

Haut-Armagnac: vai de leste a sul. Produz vinhos superiores, alguns destilados e outros engarrafados como vinho. Seu solo é dotado de calcário e argila.

Chorinho

A maioria dos *armagnacs* é destilada uma única vez num alambique contínuo chamado *armagnacais*. Esse equipamento é responsável pelo salto de qualidade da bebida no início do século XIX. A recente presença de empresas de Cognac na Gasconha implantou o processo de dupla destilação em Charente.

Inacreditável!

Não existem grandes destilarias de *armagnac*. A maioria dos fabricantes não tem alambique próprio. Eles se viram com um alambique móvel que passa pelas fazendas destilando o vinho. Esse equipamento é mantido por cooperativas de produtores.

Envelhecimento

No processo de envelhecimento, o distanciamento entre *armagnac* e conhaque é mais evidente. Enquanto o conhaque repousa em barris de carvalho francês das florestas de Limousin e Tronçais, o *armagnac* envelhece em carvalho preto, Monlezun, comum na região da Gasconha. Essa madeira confere à bebida uma bela cor escura, que vai do âmbar ao mogno, o que dispensa o uso de caramelo, como ocorre com o conhaque. O carvalho preto transmite sabores de ameixa e baunilha à bebida.

Dose dupla

✔ Os *brandies* de origens e idades diferentes são misturados após o envelhecimento.

✔ Para obter o teor alcoólico ideal de 40% do volume, acrescenta-se água destilada.

Classificação

Como acontece com o conhaque, é a idade do *brandy* mais jovem usado na composição que determina sua classificação.

- **VS ou três estrelas:** 2 anos.
- **VSOP:** 5 anos.
- **XO:** 6 anos.
- **Hors d'Age:** superior a 10 anos.
- **Vintage:** de uma única safra, citada no rótulo.

Pra lá de especiais

Dois tipos de *armagnac* merecem destaque:

Vintage: de uma única safra, costuma estagiar em carvalho preto por mais de quarenta anos. Após esse longo período, cessa a evolução e a bebida é transferida para garrafões de vinho, antes de ser engarrafada para comercialização. Portanto, ao contrário do conhaque, o *armagnac* pode ser datado.

Varietal: indica que o destilado é feito exclusivamente com uvas locais – Ugni Blanc, Colombard ou Folle Blanche.

Aos tragos, enfim

Embora elaborado com as mesmas uvas do conhaque, o *armagnac* costuma ser mais aromático, com fragrância de frutas. Na boca é aveludado, redondo, sem qualquer aresta. A destilação única torna a bebida menos austera e mais amistosa. O carvalho preto lhe dá a aparência de xarope.

Desce uma

Castarède, De Montal, Larressingle, Caussade, Janneau, Sempé.

MISTURINHAS

Dizem que o *armagnac* deve ser apreciado puro. É verdade, mas não faltam por aí receitas de drinques que têm essa bebida como base, e isso em nada a desqualifica. Um dos coquetéis mais conhecidos é o alexander, cujo batismo tem três versões: referência a Alexandre, o Grande; citação a um famoso *barman*, também chamado Alexandre; e homenagem ao escritor Alexandre Dumas, autor do clássico *Os três mosqueteiros*. Esta última, claro, é defendida pelos gascões.

Alexander

- ✔ Cubos de gelo
- ✔ 2 doses de *armagnac*
- ✔ 1 dose de creme ou licor de cacau
- ✔ 1 dose de creme de leite batido

Coloque os cubos de gelo numa coqueteleira, acrescente o *armagnac*, o creme ou licor de cacau e o creme de leite. Agite vigorosamente e coe em um copo baixo. Excelente digestivo para depois das refeições.

Ameixas ao armagnac

- ✓ 1 kg de ameixas frescas
- ✓ 1 kg de açúcar
- ✓ 1 pau de canela
- ✓ 1 garrafa de *armagnac*

Lave as ameixas e fure-as para que a bebida penetre bem. Coloque as ameixas numa jarra de aproximadamente quatro litros. Junte o açúcar, a canela e o *armagnac*. Tampe e deixe macerando por cerca de dez semanas. Sirva, tomando o cuidado de retirar o pau de canela.

CALVADOS, DA TERRA DAS MAÇÃS

6

A França é famosa pela produção de uvas e vinhos. Quase todo o seu território é tomado pelos vinhedos. Quase todo, pois na Normandia, ao norte, vicejam macieiras e pereiras. É de lá que surge o *calvados*, um destilado obtido a partir da sidra, que é um fermentado de maçãs e, em proporções menores, pêras. As maçãs permitidas para a produção da bebida são de quatro tipos: doces, ácidas, azedas e agridoces. Existem 48 maçãs diferentes que podem ser usadas na elaboração da sidra.

Lá é assim...

Como na França não se faz bebida de qualquer jeito, em 1963 foram estabelecidas as áreas e os métodos de produção de *calvados*. Uma das regras adotadas é que a sidra deve ter dupla destilação em alambique *pot* ou contínuo. O destilado atinge de 68% a 72% de teor alcoólico, volume que deve ser reduzido a 40% ou 45% pela adição de água destilada.

 Inacreditável!

A Normandia é um impressionante pomar de maçãs. Existem aproximadamente oitocentas espécies da fruta na região.

 Envelhecimento

O destilado adquire a cor dourada em barricas de carvalho novo. Após esse estágio, a bebida envelhece por vários anos em tonéis usados.

Regiões produtoras

São três *appellations contrôlées* de *calvados*:

Pays d'Auge: fica a leste da cidade de Caen, na região delimitada de Vallée d'Auge. Ali se produz o melhor *calvados*, pois a sidra atinge uma qualidade incomparável. Por exigência legal, as maçãs têm de ser da região. Faz-se destilação dupla em alambique *pot*.

Calvados: ocupa extensa área da Baixa Normandia. É permitido o uso de pêras na composição da sidra. Faz-se uma única destilação em alambique contínuo.

Domfrontais: a sidra deve ser 100% produzida na região, sendo que 30% deve ser de pêra. Faz-se uma única destilação em alambique contínuo. O *calvados* envelhece obrigatoriamente por três anos.

Classificação

Como o conhaque e o *armagnac*, a idade do *calvados* mais jovem do corte determina sua classificação.

- **Fine ou três estrelas:** 2 anos.
- **Vieux ou Reserve:** 3 anos.
- **VSOP ou Vieille Reserve:** 4 anos.
- **XO ou Hors d'Age:** 6 anos.

 **Dose dupla**

- ✔ O *calvados vintage* é destilado de sidra de um único ano.
- ✔ Uma boa sidra é feita de diferentes tipos de maçãs.

Aos tragos, enfim

Uma tradição divertida na Normandia é servir o *calvados* no meio da refeição. Devido ao alto teor alcoólico, a bebida provocaria o *trou normand* (buraco normando), um "oco" no estômago que permitiria aos comensais comer em dobro. Mas o principal uso é como digestivo após as refeições, servido em temperatura ambiente. Curiosamente, uma das qualidades atribuídas à bebida é a de "queimar gorduras".

MISTURINHAS

Angel's face

- ✔ Cubos de gelo
- ✔ 2 doses de *calvados*
- ✔ 1 dose de licor de *abricot* (damasco)

✔ 1 dose de gim

Coloque o gelo na coqueteleira. Despeje o *calvados*, o licor e o gim e agite. Coe em um copo de coquetel. Sirva após as refeições.

Chá de Eva

✔ 1 litro de chá preto forte
✔ 5 colheres (sopa) de açúcar
✔ 1 dose de *calvados*

Misture o açúcar e o *calvados* com o chá e sirva em xícaras, bem quente.

Coquetel de calvados

✔ 2 ou 3 cubos de gelo
✔ 1 dose de *calvados*
✔ 1 dose de curaçau *sec*

- ✔ 1/2 dose de suco de laranja
- ✔ 1 colher (chá) de *orange bitter*

Triture os cubos de gelo e coloque-os numa coqueteleira. Acrescente o *calvados*, o curaçau, o suco de laranja coado e o *orange bitter*. Agite vigorosamente por alguns segundos. Coe e sirva em taças para coquetel.

TEQUILA, PRESENTE DOS DEUSES

7

Consumida em bares do mundo inteiro, a tequila origina-se de uma planta chamada agave-azul, que está mais para a babosa que para o cacto, com o qual é confundida. O nome vem da cidade de Tequila, no estado de Jalisco, região central do México, onde a planta é encontrada em abundância. O agave-azul produz a *piña*, uma espécie de abacaxi imenso que chega a pesar 150 quilos. É com a *piña* que se faz a tequila.

A fabricação da bebida, apelidada de "presente dos deuses", é controlada pelo Consejo Regulador del Tequila, formado por representantes do governo e dos produtores. A entidade define como tequila os destilados feitos com pelo menos 60% de agave-azul (a regra é elástica, mas existem tequilas puras, feitas exclusivamente com a *piña*). A planta deve ser proveniente do estado de Jalisco, cultivada em áreas próximas às cidades de Tequila e Guadalajara, e de algumas aldeias nos estados de Nayarit, Michoacán e Guanajuato.

No dosador

1600 – Dom Pedro Sánchez de Tagle, o marquês de Altamira, inicia a produção de tequila no México.

1636 – O governo mexicano passa a cobrar impostos sobre a produção da tequila, dando a ela um caráter mais oficial.

1795 – José María Cuervo funda a primeira destilaria oficial no país, "La Confradía de Las Ánimas", depois Taberna Cuervo e Casa Cuervo.

1870 – É fundada a Tequila Herradura, que viria a ser uma das mais importantes na história da bebida.

1873 – A destilaria Tequila Sauza, igualmente tradicional, é inaugurada.

Chorinho

Os índios mexicanos tomavam uma espécie de vinho chamado pulque, que era produzido pela fermentação do agave-azul. Os astecas aproveitavam também as fibras da planta para confeccionar roupas. A destilação dos fermentados de agave-azul começou com os colonizadores espanhóis que chegaram ao país em 1521.

Dose dupla

- A *piña* do agave-azul é uma matéria-prima bastante produtiva. Uma unidade chega a produzir vinte litros de tequila.
- Existem aproximadamente quatrocentas espécies de agave no México. O agave-azul é o que melhor se presta à destilação da tequila. Bebidas feitas com outras espécies de agave são chamadas de mescal.

Fazendo tequila

A elaboração da tequila começa com o cozimento das *piñas* em fornos de pedra (entre 24 e 36 horas) ou autoclaves (entre 8 e 14 horas).

As fibras amolecidas são resfriadas por cerca de duas horas e trituradas em grandes moinhos para extrair o suco.

Inicia-se então a fermentação do suco. Para isso, usam-se leveduras selvagens da própria folha da planta.

Num processo industrial, a fermentação dura cerca de três dias. Já pelos métodos tradicionais, pode demorar até doze dias.

O suco fermentado atinge graduação alcoólica de aproximadamente 7%. O mosto é destilado duas vezes, em alambique *pot* ou contínuo, para atingir o teor alcoólico desejado. Alguns produtores chegam a fazer tripla destilação, o que resulta numa tequila muito pura, com mais de 50% de graduação alcoólica. Nesse caso, é necessário diluí-la para torná-la mais agradável.

A tequila pode ser

Mista: feita com, no mínimo, 51% de agave-azul. É uma bebida menos nobre, muitas vezes feita no México e engarrafada em outros países.

Puro agave: equivale ao puro malte no uísque. É feita só com agave-azul, destilada e engarrafada no México.

Identificação

São quatro os principais tipos de tequila, segundo a Norma Oficial Mexicana:

Blanco ou silver: obtida após a segunda destilação. Tem coloração branca e sabor mais puro, que remete nitidamente ao agave-azul.

Oro ou gold: é a tequila *blanco* que recebe a adição de corantes, como o caramelo. É bastante usada na elaboração de coquetéis.

Reposado: é a tequila *blanco* descansada por um período de dois meses a um ano em barrica de madeira, geralmente de carvalho. Tem a coloração levemente escurecida. O sabor é mais suave e, talvez por isso, é a mais consumida.

***Añejo* ou *blanco* envelhecida:** passa aproximadamente um ano em barrica de carvalho. O sabor da madeira é bastante nítido, e a cor, intensa. É uma bebida mais macia, portanto preferida por quem está se iniciando nesse universo.

Chorinho

Existe também a tequila *reserva*, envelhecida por oito anos, que não é regulamentada oficialmente. É bastante cobiçada e cara.

Inacreditável!

Grandes tequilas têm o charme extra de ser comercializadas em garrafas de vidro moldadas a sopro, como se fazia antigamente.

Aos tragos, enfim

Vai encarar? A pergunta não é muito gentil, mas combina perfeitamente com as várias formas de tomar tequila. Uma das mais radicais é a *porradita*, em que o apreciador é amarrado a uma cadeira giratória e vira de uma só vez um copo de tequila. Na seqüência, o garçom saco- de sua cabeça e faz a cadeira girar várias vezes. Assim, o sobrevivente tem o prazer de sentir o mundo rodar. Felizmente, existem caminhos mais gentis para conhecer esse presente dos deuses. Por exemplo, morder uma fatia de limão com sal e tomar a tequila num só gole.

Copo *short drink*,
para servir tequila

Os bebedores mais tarimbados recomendam tapar a boca do copo com a palma da mão, agitar a tequila e bebê-la. A manobra faz com que os aromas do agave-azul se revelem.

Desce uma
José Cuervo, Herradura, Sauza, Don Julio, Real, Casa Noble.

MISTURINHAS

Margarita

Uma das versões para a origem do drinque mais famoso feito com tequila diz que este nasceu pelas mãos da americana Margarita Sames, anfitriã abastada que, para impressionar os convidados, teria inventado, em 1948, uma receita digna de sua boa vida. Ela teria juntado no mesmo copo duas de suas bebidas preferidas, a tequila e o Cointreau (licor de casca de laranja). "O drinque", como ela o chamava, era freqüentemente servido em sua mansão a amigos, entre eles muitos donos de restaurantes. Aos poucos a receita foi se tornando conhecida, até ser rebatizada de margarita. Outra versão dá a nacionalidade ao México e, no lugar do Cointreau, usa-se curaçau. O bar La Opera, na Cidade do México, orgulha-se de servir "as melhores margaritas do mundo".

- ✔ Gelo picado
- ✔ 3/4 de dose de tequila
- ✔ 1/3 de dose de Cointreau
- ✔ 1/3 de dose de suco de limão-taiti
- ✔ Sal e suco de limão para crustar o copo

Taça para margarita

Molhe a borda do copo com suco de limão e esfregue-a no sal, para formar uma crosta. Agite os demais ingredientes numa coqueteleira e sirva no copo crustado.

Tequila puerto

- ✓ Gelo picado
- ✓ 3 colheres (sopa) de tequila
- ✓ 1/2 colher (chá) de suco de limão-taiti
- ✓ 2 colheres (chá) de *grenadine*
- ✓ 3 colheres (sopa) de suco de laranja
- ✓ 1 rodela de limão

Num copo grande, coloque o gelo picado (até atingir 1/3 do volume), acrescente a tequila, o suco de limão e a *grenadine*. Deixe descansar por alguns segundos e complete com o suco de laranja. Para enfeitar, prenda a rodela de limão na boca do copo. Mexa levemente.

Tequila caliente

- 3 ou 4 cubos de gelo
- 2 doses de tequila
- 1 colher (sopa) de suco de limão
- 3 gotas de *grenadine*
- 2 colheres (sopa) de creme de cassis
- 1 espiral de casca de limão
- Soda limonada
- 1 rodela de limão

Numa coqueteleira, coloque a tequila, o suco de limão, a *grenadine* e o creme de cassis. Agite vigorosamente e despeje a mistura num copo alto com o gelo. Acrescente a espiral de limão e complete com soda. Prenda a rodela de limão na boca do copo para enfeitar.

RUM, O CALOR DO CARIBE

O rum é uma bebida que remete a muitas imagens: às grandes navegações, aos navios piratas, a Cuba e à excelência de seus charutos, à boa companhia de Ernest Hemingway, aos bares impregnados de fumaça, à arte do *barman*, às praias do Caribe. Embora seja elaborado em vários países, Cuba é a referência mais imediata desse destilado. Produto da fermentação do caldo ou do melaço de cana-de-açúcar, o rum começou a ser elaborado em Cuba no século XVI e, por muito tempo, foi conhecido por seus "poderes de expulsar os demônios do corpo". Sim, estamos na América Central, onde a mão-de-obra escrava vinda da África também influenciou os costumes, a economia e os cultos religiosos. Como ocorreu com a cachaça no Brasil, o rum era, num primeiro momento, uma bebida destinada a aliviar a tristeza dos escravos. No século XVII, seu consumo tinha fins medicinais.

Chorinho

Uma das versões para a palavra "rum" diz que ela vem de *rumbullion*, que une a terminação do nome científico da cana-de-açúcar, *Saccharum officinarum*, e a expressão francesa *bouillon*, que quer dizer sopa.

Envelhecimento

O rum, como todos os destilados, é claro e transparente. Quando apresenta alguma coloração, esta é fruto do envelhecimento em barricas de *bourbon* usadas e/ou da adição de caramelo. Runs com aromas de baunilha, coco e especiarias foram envelhecidos em barricas de *bourbon* tostadas a fogo por dentro.

No dosador

A cana-de-açúcar passou a ser plantada nas demais ilhas caribenhas a partir do século XVII, com a chegada dos colonizadores ingleses e franceses.

Jamaica, Martinica, Barbados, Haiti e Porto Rico tiveram, na produção de açúcar e melaço, um forte impulso comercial e econômico.

Produzir um destilado a partir dessa matéria-prima era algo quase natural. Fabricado em vários países, o rum é uma bebida sem muitas fronteiras definidas.

Na maioria das vezes, o rum é uma mistura de bebidas destiladas em alambique *pot* e contínuo de idades variadas.

Estilos

Leve: ideal para coquetéis, esse rum tem aromas de coco, banana e limão, além de algumas notas florais. Tem passagem curta em madeira, o que não chega a alterar sua cor. É fresco e seco.

Pesado: sua cor vai de dourado a mogno. Traz aromas mais marcantes, como baunilha, uva-passa, doce de banana, café, chocolate, caramelo e melaço.

Dose dupla

✔ Alguns runs aromatizados fazem muito sucesso. Um deles é o Malibu, que tem sabor de coco.

✔ Outro, popular no Brasil, é o Montilla Tropical, que tem fortes aromas de frutas.

Passeio de barco

Rum de Cuba: tem graduação alcoólica de 40%. Leve, pode ser *carta blanca* (próprio para coquetéis) e *carta oro* (dourado). Os *añejos*, envelhecidos por até sete anos, são os mais complexos, com aromas que lembram o conhaque. Bons bebedores o tomam puro, sem gelo.

Rum da Jamaica: é o mais forte dos runs, com graduação alcoólica que chega a 75%. Em geral é exportado para a Inglaterra, onde é envelhecido em tonéis de carvalho por vários anos.

Rum da Martinica: encorpado, é típico do Caribe francês e feito de caldo de cana, não de melado.

Rum de Porto Rico: leve, de alta qualidade. Essa ilha abriga a sede da Bacardi, a mais tradicional e antiga produtora de rum do mundo. Nascida em Cuba, a marca tem unidades espalhadas por vários países. Produz rum bidestilado claro (dois anos em barrica) e escuro (três anos em barrica).

Desce uma

Havana Club (cubano, de fabricação estatal, prestigiado no mundo inteiro), Appleton (jamaicano, é o mais forte, com graduação alcoólica de até 75%), Bacardi (porto-riquenho).

Aos tragos, enfim

Quem entende do riscado diz que a melhor companhia para o rum é o charuto. Esse destilado realça e enriquece o sabor do tabaco, assim como o conhaque, o vinho do Porto e o uísque. Bons bebedores costumam intercalar baforadas com pequenos goles de rum. É quase um ritual.

Chorinho

No século XVII, o almirante inglês Francis Drake, primeiro homem branco a aportar nas ilhas do Pacífico Sul, teria oferecido uma mistura de hortelã e rum a seus marujos, como forma de combater os problemas respiratórios e estomacais comuns em viagens longas pelo mar. Essa seria a primeira versão do *mojito*, que mais tarde faria a fama do célebre bar La Bodeguita del Medio, em Havana. Ernest Hemingway, autor de *O velho e o mar* e *O sol também se levanta*, discorreu sobre a origem desse coquetel sentado em uma das mesas desse bar.

MISTURINHAS

Cuba-libre

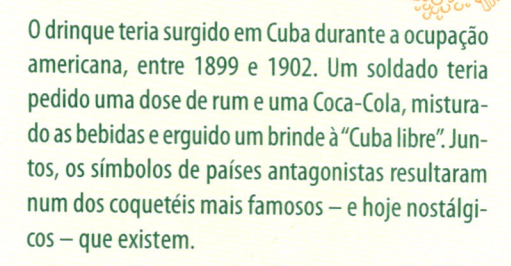

O drinque teria surgido em Cuba durante a ocupação americana, entre 1899 e 1902. Um soldado teria pedido uma dose de rum e uma Coca-Cola, misturado as bebidas e erguido um brinde à "Cuba libre". Juntos, os símbolos de países antagonistas resultaram num dos coquetéis mais famosos – e hoje nostálgicos – que existem.

- ✔ Cubos de gelo
- ✔ 1 dose de rum
- ✔ Coca-Cola
- ✔ 1 fatia de limão

Coloque os cubos de gelo num copo longo. Acrescente o rum e complete com Coca-Cola. Use a fatia de limão para decorar. Misture bem e sirva.

Mojito

- ✓ Hortelã fresca
- ✓ 1 colher (chá) de açúcar
- ✓ 1 dose de rum *carta blanca*
- ✓ 1/3 de dose de suco de limão
- ✓ 50 ml de *club soda* ou água com gás
- ✓ Gelo picado

Em um copo longo, coloque as folhas de hortelã e o açúcar e macere levemente com um socador. Acrescente o rum, o suco de limão, muito gelo picado e mexa bem. Complete com *club soda* e decore com um ramo de hortelã.

Daiquiri

- ✓ 4 cubos de gelo
- ✓ 2 doses de rum *carta blanca*

- ✔ 1 dose de suco de limão
- ✔ 1 colher (chá) de açúcar
- ✔ *Grenadine*

Coloque os cubos de gelo numa coqueteleira, adicione o rum, o suco de limão e o açúcar. Agite bem. Sirva em um copo de coquetel, derramando um pouco de *grenadine*.

VODCA, UMA ÁGUA ESPECIAL

9

Vodka é uma palavra eslava que significa "água querida". Perfeito. Entre os destilados, é a bebida que mais se parece com água. Trata-se de um álcool puríssimo, de sabor e cheiro sutis, que não deixa vestígio no paladar. Por ser uma bebida neutra, é muito usada em receitas de drinques. Dois países requisitam sua paternidade: Rússia e Polônia. O que se pode afirmar sem erro é que a vodca foi inventada em algum lugar do Leste ou do Norte Europeu, há pelo menos mil anos.

É uma das bebidas mais apreciadas do mundo. Na Rússia e nos Estados Unidos, a vodca é muito popular, chegando a representar 26% do consumo de destilados. Qualquer grão fermentável pode ser matéria-prima para sua elaboração. As marcas mais importantes usam trigo ou centeio. Outras, menos nobres, usam milho. Até a batata é usada na elaboração dessa "água querida".

Fazendo vodca

As primeiras vodcas tinham teor alcoólico baixo, pois eram feitas com uma única destilação. Com o desenvolvimento do alambique contínuo, a bebida passou a receber novas destilações, o que garante mais pureza e álcool – algumas chegam a ter 90% de teor alcoólico. Para neutralizar sabor e cheiro, ela é filtrada em carvão ativado. A maioria das vodcas é engarrafada com teor alcoólico próximo de 40%. Para chegar a esse percentual, usa-se água destilada para diluí-la.

Chorinho

No século XVII, os russos desenvolveram uma técnica curiosa de fabricação de vodca. Após a dupla destilação, a bebida era diluída em leite, depois novamente destilada, novamente diluída, dessa vez em água, e, finalmente, filtrada em carvão.

Dose dupla

- ✔ As vodcas aromatizadas com ervas, especiarias e frutas começaram a ser produzidas no Leste Europeu, com o objetivo de mascarar defeitos de destilação.
- ✔ Hoje, grandes marcas têm suas versões aromatizadas. Os aromas são acrescentados no final da destilação e dão personalidade e requinte à bebida.

Presença mundial

Embora identificada com a Rússia e a Polônia, a vodca pode ser fabricada no mundo inteiro. Não há restrições quanto ao uso da palavra *vodca*, como acontece com o conhaque, a cachaça, o *armagnac* e o *scotch whisky*, que precisam ser elaborados nos países ou nas regiões de origem, de acordo com regras predeterminadas.

As grandes marcas podem ter nacionalidades diferentes. A Absolut, grife muito prestigiada e que vem se destacando na produção de vodcas aromatizadas, é feita na Suíça. A Smirnoff, marca mais vendida no mundo, com fabricação também no Brasil, é americana. A Cîroc, feita a partir de fermentado de uva, é francesa. Mas a Rússia também participa do mercado nobre, com a Stolichnaya, feita de trigo e água glacial, enquanto a Polônia tem a famosa Wyborowa.

Aos tragos, enfim

A vodca, por seu caráter neutro, quase sem aroma e sabor, presta-se à elaboração de coquetéis, entre eles o famoso *bloody Mary* e a batida de vodca brasileira, conhecida como caipirosca. Mas há os fãs da bebida pura, que gostam de guardá-la no congelador ou *freezer* para que adquira uma agradável consistência licorosa. Seu alto teor alcoólico a impede de congelar.

MISTURINHAS

Bloody Mary

Existem duas histórias famosas que explicam o nome *bloody Mary* (Maria sanguinária). A primeira, mais
divulgada, diz que o coquetel foi assim batizado para
homenagear a rainha da Inglaterra Maria I (1516-
1558), conhecida como "A Sanguinária", que reinou
por apenas cinco anos e era filha de Henrique VIII. Em
outra versão, a receita teria sido criada em 1920 pelo
barman Ferdinand Petiot, do bar Harry's, de Nova
York, numa noite de inverno. O drinque começou a
ser chamado de *bucket of blood* (balde de sangue),

red banger (explosão vermelha) e, finalmente, *bloody Mary*.

- ✓ Cubos de gelo
- ✓ 1 dose de vodca
- ✓ 1 ½ dose de suco de tomate
- ✓ Suco de limão
- ✓ Molho inglês
- ✓ 1 pitada de molho *tabasco*
- ✓ Sal
- ✓ Pimenta-do-reino

Coloque o gelo, a vodca e o suco de tomate numa coqueteleira. Acrescente o suco de limão, o molho inglês, o molho *tabasco*, o sal e a pimenta-do-reino. Agite bem e transfira para um copo alto. Se preferir, coe a mistura.

Caipirosca

- ✓ 1/2 limão-taiti

- ✔ 2 colheres (sopa) rasas de açúcar
- ✔ 2 doses de vodca
- ✔ 3 a 5 cubos de gelo

Corte o limão em cinco, descartando as sementes e a parte branca. Num copo de vidro, coloque os pedaços de limão, acrescente o açúcar e amasse com um socador de madeira. Adicione a vodca e mexa até que todo o açúcar se dissolva. Acrescente o gelo, mexa e sirva.

Caipirosca verde

- ✔ 1/2 *kiwi*
- ✔ 3 ou 4 uvas verdes
- ✔ 2 gomos de limão
- ✔ 2 colheres (chá) de açúcar
- ✔ 1 dose de vodca
- ✔ 2 ou 3 cubos de gelo

Coloque as frutas cortadas em pedaços pequenos numa coqueteleira. Acrescente o açúcar e macere delicadamente com um socador. Adicione a vodca e o gelo, agite bem e sirva.

GIM, UM BOM REMÉDIO

Essa bebida poderia ostentar tranqüilamente o título de elixir. Tudo nela remete às tradicionais misturas de ervas, raízes e folhas que por muito tempo representaram os únicos remédios disponíveis para tratar as doenças mais comuns. A essência do gim está no zimbro, uma fruta de propriedades diuréticas que praticamente define o destilado.

Embora seja considerado uma bebida inglesa típica, o gim foi inventado na Holanda, em

1650, pelo médico Franciscus Sylvius, também chamado de Franz de le Boë, da Universidade de Leiden. Sua criação, o remédio *genever*, que nada mais era do que zimbro misturado a um destilado de grãos, costumava ser recomendada para o tratamento de afecções renais. Os soldados ingleses que combatiam na Europa foram os responsáveis pela introdução desse remédio "barato e gostoso" na Inglaterra. Com a invenção do alambique, não demorou muito para a bebida passar a ser produzida em escala industrial.

 Inacreditável!

Em 1730, somente na cidade de Londres, havia mais de sete mil locais de venda de gim, o que desencadeou um alto consumo e, por conseqüência, uma preocupação social.

Fazendo gim

O sabor do gim vem do uso dos chamados botânicos, que são os ingredientes vegetais aromáticos. A graça é que cada fabricante tem a própria receita. O zimbro está presente em todas elas, mas a composição inclui outros elementos, como raiz de angélica, coentro, canela, noz-moscada, alcaçuz, flor-de-lis e cascas de árvores cítricas.

Os botânicos são acrescentados na etapa final do processo de destilação. Este segue o padrão da vodca, que tem como base um fermentado de trigo, cevada ou milho.

Volta ao mundo

Gim inglês: destilado em alambique contínuo, é mais leve e perfumado. O London Dry, o Tanqueray e o Beefeater são alguns representantes do gim inglês.

Gim holandês: destilado em alambique *pot*, é mais rico e encorpado. É consumido gelado e em copo pequeno, como aperitivo.

Gim americano: após a segunda destilação, os vapores passam por um cesto com os botânicos, onde assimilam os aromas e sabores.

Alemanha: a produção é parecida com a dos demais países, mas aqui a bebida recebe o nome de *steinhaeger* e é muito apreciada como aperitivo.

Desce uma

Tanqueray, London Dry, Beefeater, Bombay Sapphire (ingleses); Bols, Claeryn (holandeses); Seagers, Gilbey's (brasileiros).

MISTURINHAS

Dry martini

Um coquetel sofisticado e aparentemente, só aparentemente, simples. Apreciado na ficção por personalidades como Bond, James Bond, tem adeptos também fora das telas, a exemplo dos diretores Alfred Hitchcock e Luis Buñuel e da escritora Dorothy Parker. Poucos drinques são tão glamorosos como o *dry martini*. Mas, para prepará-lo, é importante respeitar as proporções exigidas e usar ingredientes à altura de seu *status*. Groucho Marx recomendava, a quem estivesse perdido na floresta Amazônica ou no deserto do Saara, que começasse a preparar um *dry martini* e logo trinta pessoas apareceriam para dizer que a receita estava errada. Isso dá uma noção de quanto esse drinque divide opiniões.

- ✔ 3 cubos de gelo
- ✔ 3 doses de gim
- ✔ Algumas gotas de vermute seco (de preferência Noilly Prat)
- ✔ 1 azeitona verde

Taça para *dry martini*

Leve o copo para gelar. Coloque o gelo na coqueteleira, acrescente o gim e as gotas de vermute. Mexa ligeiramente, coe no copo gelado e sirva com a azeitona espetada num palito.

Gim-tônica

Fácil de fazer, refrescante e gostoso, o gim-tônica é um drinque elaborado no mundo inteiro. A receita original é feita com o delicado London Dry Gin, mas outras marcas costumam ser usadas na preparação desse clássico.

- ✔ Cubos de gelo

- ✔ 1 dose de gim
- ✔ Água tônica

Num copo alto, coloque o gelo e a dose de gim e complete com água tônica.

Gim fizz

- ✔ 2 cubos de gelo
- ✔ Suco de 1/2 limão
- ✔ 1 dose de gim
- ✔ 2 fatias de limão
- ✔ Água tônica

Despeje o gim e o suco de limão sobre o gelo num copo alto. Mexa bem. Complete com água tônica e sirva enfeitado com as fatias de limão.

GRAPA, NA COLA DO VINHO

11

Onde se produz vinho, produz-se também grapa. Mas é na Itália que estão os primeiros registros da origem desse *brandy*, precisamente no século XVI. Consta que os camponeses italianos que trabalhavam aos pés dos Alpes e nas planícies abaixo de Veneza tomavam uma aguardente feita de uvas, geralmente inferiores, para suportar o frio rigoroso.

Essa bebida tosca aos poucos foi ganhando requinte e hoje é um destilado de prestígio na

Europa. Outros países também produzem a grapa, ou bagaceira, como costuma ser chamada, numa referência ao bagaço da uva, que é sua matéria-prima. França, Espanha, Portugal, Brasil – esse é um destilado que percorre praticamente todas as regiões vinícolas do mundo. Na França é chamado de *marc*.

Fazendo grapa

A grapa é um segundo produto da elaboração de vinhos. *Grosso modo*, podemos entender que a parte líquida da fruta é destinada ao vinho, enquanto a parte sólida, que são as cascas, polpas e sementes remanescentes da prensagem, é aproveitada na fabricação do destilado em alambiques que podem ser contínuos ou *pot*. Obtém-se então uma bebida transparente, de graduação alcoólica entre 40% e 50%, semelhante à da cachaça.

Aos tragos, enfim

Os italianos gostam de grapa misturada com café, o *caffè corretto*, servido como digestivo em taças resfriadas. Em muitos países, no Brasil inclusive, a grapa é apreciada pura, em pequenos cálices ou copos de cachaça, em temperatura ambiente.

Dose dupla

✔ Algumas grapas italianas indicam no rótulo a variedade de uva usada na elaboração. As mais nobres são feitas com as uvas Nebbiolo, Barbera, Sangiovese, Brunello, Arneis, Moscato (esta, deliciosamente aromática).

✔ As grapas italianas podem ser:
- *Giovane*: armazenada em tanques de aço inoxidável por seis meses.
- *Invecchiata*: envelhecida durante meses ou até anos em barricas de madeira.

- *Varietal*: feita com uma única uva, indicada no rótulo.

Chorinho
As garrafas de grapa costumam ser uma atração à parte. São ousadas em suas linhas alongadas, geométricas, imponentes e às vezes futuristas.

Desce uma
Bottega, Nonino, Bocchino, Di Brunello, Fantinel, Lis Radris, Miolo, Aurora Vecchia, Casa Valduga, Marco Luigi.

MISTURINHAS

Atlantic

- ✔ 1 dose de grapa
- ✔ 1/3 de dose de licor de *kiwi*

- ✔ 1/4 de dose de curaçau *blue*
- ✔ 1 dose de suco de abacaxi
- ✔ 1/2 dose de champanhe
- ✔ 1 rodela de *kiwi*
- ✔ 1 cereja
- ✔ Folha de hortelã

Taça *flûte*

Coloque todos os ingredientes, menos o champanhe, em uma coqueteleira com gelo. Agite vigorosamente e transfira para um copo alto ou uma taça *flûte*. Complete com o champanhe. Use a rodela de *kiwi*, a cereja e a folha de hortelã para enfeitar.

Ocean red

- ✔ 1 dose de grapa
- ✔ 1/3 de dose de Malibu
- ✔ 3/4 de dose de suco de laranja
- ✔ 1 porção de morangos frescos batidos

- ✔ Gotas de groselha
- ✔ 1 rodela de laranja
- ✔ 1 cereja

Misture a grapa, o Malibu e o suco de laranja em uma coqueteleira. Transfira a mistura para um copo alto e adicione o morango batido em liquidificador. Acrescente a groselha. Use a laranja e a cereja para enfeitar. Sirva com canudo.

LICOR, DOCE PRAZER

12

Licor é uma bebida doce, de alto teor alcoólico, servida em pequenas taças, geralmente como digestivo após as refeições. Assim pode ser descrita essa bebida, apreciada no mundo inteiro nas mais variadas versões, inclusive caseira, como o nosso licor de jabuticaba. Aliás, a fabricação doméstica e a utilização na cozinha e na confeitaria foram fundamentais para o aprimoramento e a industrialização do licor. No século XIX, com o domínio das técnicas de destilação e aromatização de bebidas, surgiram muitos licores diferentes, marcando o declínio da produção caseira.

No dosador

O vinho e o álcool sempre foram usados como poderosos anti-sépticos. Mas, na Idade Média, os monges pesquisavam plantas, raízes e ervas na busca de remédios para várias doenças. No século XV, quando a peste negra se espalhou pela Europa, os licores associados a bálsamos vegetais e tônicos tornaram-se medicamentos preciosos.

receitas de licores curativos. Registros indicam que pepitas de ouro eram adicionadas ao álcool, às frutas e às ervas para obter as panacéias, preciosos remédios que curavam todos os males. Conta a história que Villeneuve foi perseguido pela Inquisição por suas idéias avançadas, mas livrou-se da morte ao salvar a vida do papa com uma poção de vinho, ervas e ouro.

Fazendo licor

Basicamente, são três os métodos utilizados para fazer um licor industrial:

Maceração: ervas e frutas que não suportam a destilação são maceradas no destilado por um período que pode durar semanas, de acordo com as características do ingrediente.

Infusão: o destilado é bombeado sobre o ingrediente aromatizante.

Redestilação: o destilado é levado a uma nova destilação, em alambique *pot*, junto com o aroma desejado, que pode ser de sementes, raízes ou grãos.

É possível encontrar nos licores: amêndoa, baunilha, camomila, canela, gengibre, laranja, lavanda, limão, rosa, tomilho, zimbro etc.

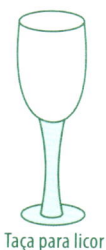

Taça para licor

Chorinho
Bitters são licores amargos ou com pouco açúcar.

Estes são clássicos

Amaretto: licor de amêndoas e damascos de origem italiana. Foi produzido pela primeira vez em Saronno, em 1525, em homenagem ao pintor Bernardino Luini. É feito a partir de um destilado de uvas.

Baileys Original Irish Cream: creme de licor irlandês. Criado nos anos 70 com uísque irlandês, tem na receita creme de leite e chocolate. A bebida alcançou sucesso extraordinário na época, dominando um quarto do mercado mundial de licores. Hoje, sua fórmula é muito imitada.

Bénédictine: criado por monges beneditinos na Normandia, França, em 1510. A receita desapareceu durante a Revolução Francesa (1789), mas foi reencontrada pelo comerciante Alexandre le Grand em 1863. É feito a partir de um destilado de uvas com 27 ervas, plantas e cascas de árvore. Sua produção é complexa e demorada. Uma garrafa leva três anos para ficar pronta e mais quatro de envelhecimento. Traz no rótulo as letras D.O.M. (*Deo Optimo Maximo*, "Para Deus, só o melhor e o maior").

Chartreuse: é o mais antigo licor feito por monges. Elaborado com 130 ervas e especiarias, é apresentado nas versões verde e amarela, sem o uso de qualquer corante. Sua fórmula foi criada no século XVI, e em 1848 ele começou a ser comercializado. A principal destilaria fica no monastério de Chartreuse, nos Alpes franceses. A segunda unidade fica na Espanha, em Tarragona. Somente três monges conhecem a receita.

Cointreau: produzido na França, é o mais conhecido *triple sec* (seco) do mundo. Sua receita leva curaçau incolor e cascas de laranjas verdes originárias da ilha de Curaçao. Usa-se destilado de uvas.

Frangelico: licor italiano de avelãs e ervas finas, apresentado na famosa garrafa em forma de monge.

Grand Marnier: feito a partir do licor de laranjas de Curaçao maceradas no conhaque. É apresentado em várias versões. A garrafa com uma fita amarela possui o menor teor alcoólico.

Kümmel: foi criado pelo destilador holandês Lucas Bols no século XVI, em Amsterdã, onde até hoje é elaborado. A receita é uma mistura de ingredientes, entre eles cariz, cominho, erva-doce e lírio-florentino. É elaborado também na Alemanha (Wolfschmidt) e em Hamburgo (Gilka), mas a receita continua mantida em segredo, num acordo entre os fabricantes.

Sambuca: esse famoso licor italiano tem um ritual para ser degustado. Adicionam-se três grãos de café em um copo cheio de Sambuca e flamba-se a mistura. O fogo torra os grãos, que deixam um delicioso sabor de tostado no licor. A base é um destilado de uvas e leva anis-estrelado e a fruta do sabugueiro.

Outros licores famosos

Amarula: feito a partir de vinho de amarula, leva amêndoas e damascos.

Campari: feito com álcool de grãos, tem 130 ervas, especiarias e frutas em sua fórmula. É um *bitter*.

Curaçau: famoso licor de laranja originário de Curaçao, ilha das Antilhas Holandesas. É elaborado em várias versões, como o *blue*, o *red* e o branco. Muito usado em coquetéis.

Drambuie: feito a partir de uísque escocês, tem creme de leite, urze, mel, ervas e especiarias.

Kahlúa: feito de rum, tem café na composição.

Malibu: feito de rum, tem coco na receita.

MISTURINHAS

Widow's kiss

- ✓ 2 cubos de gelo
- ✓ 2 doses de *calvados*
- ✓ 3 gotas de Bénédictine
- ✓ 2 gotas de Chartreuse
- ✓ 1 gota de angustura

Coloque todos os ingredientes, menos o gelo, numa coqueteleira e agite rapidamente. Acrescente o gelo e agite outra vez. Coloque a bebida num copo de coquetel gelado e sirva.

Batida de café

- ✓ 1/2 xícara (chá) de cachaça

- ✔ 1/2 xícara (chá) de conhaque
- ✔ 1 colher (sopa) de Cointreau
- ✔ 1 colher (chá) de café solúvel em pó
- ✔ 1/2 xícara (chá) de creme de leite
- ✔ 2 colheres (sopa) de açúcar
- ✔ 3 colheres (sopa) de leite condensado
- ✔ 1 pitada de canela em pó
- ✔ Gelo picado

Bata todos os ingredientes no liquidificador, exceto o gelo. Acrescente o gelo picado e bata por mais alguns segundos. Sirva.

Lady brown

- ✔ 4 cubos de gelo
- ✔ 2 doses de gim
- ✔ 1 dose de Grand Marnier
- ✔ 1 dose de suco de tangerina coado

- 2 colheres (sopa) de suco de limão coado
- 2 rodelas de tangerina com casca

Coloque na coqueteleira o gelo, o gim, o Grand Marnier, o suco de tangerina e o suco de limão. Agite por um minuto, usando um guardanapo para embrulhar a coqueteleira. Coloque as rodelas de tangerina no fundo de duas taças de coquetel, despeje a mistura e sirva.

NOS DOMÍNIOS DA FADA VERDE

O absinto tem uma curiosa vocação para provocar. Tudo nessa bebida é meio ilícito, instigante, perturbador, inquietante. E glamorizado. O próprio som da palavra "absinto" parece carregar algo proibido. O mesmo se pode dizer de *Artemisia absinthium*, nome científico da planta que dá origem ao licor. E de losna, sua versão popular, que constitui a farmacopéia caseira. No Brasil, a losna também é chamada de erva-do-fel, erva-dos-vermes, erva-de-santa-margarida. Como se vê, esse destilado atrai palavras fortes.

Tem ainda a ousada cor verde, que remete àquelas poções cheias de poder e segredos. Não é estranho, portanto, que a Fada Verde (*La Fée Verte*, em francês, ou *The Green Fairy*, em inglês), como o absinto é chamado desde o início do século XX por seus apreciadores, desperte tanto interesse no mundo inteiro.

No dosador

Depois de reinar nas mesas de cafés e bulevares da *belle époque* parisiense, inspirando e embebedando personalidades como Oscar Wilde, Toulouse-Lautrec, Paul Verlaine, Rimbaud, Baudelaire, Degas, Manet, Van Gogh e Picasso, o absinto passou a ser visto como uma bebida perigosa, o que levou muitos países a proibir seu consumo e sua comercialização.

Concorreram para isso o alto teor alcoólico, que chegava a 70%, e as propriedades alucinógenas de uma substância presente na losna, o *thujone*. Só recentemente o absinto voltou a ser liberado, mas com o teor alcoólico reduzido para 54%. Sobre as propriedades tóxicas, especialistas dizem que é mais provável alguém se intoxicar com o álcool do que com a losna.

Dose dupla

- Embora freqüentemente associado à França, o absinto foi criado na Suíça pelo médico francês Pierre Ordinaire, em 1792.
- Além da losna, o absinto tem em sua fórmula outras plantas aromáticas, entre elas o anis e a erva-doce.

Inacreditável!

Em 1905, na Suíça, um homem teria matado toda a família sob efeito do absinto. Ele estava consumindo o licor havia dois dias. O fato revoltou a sociedade e desencadeou uma série de restrições à bebida. Após uma noite regada a absinto, o escritor Oscar Wilde voltava para casa sob uma delicada luz matinal quando notou que havia tulipas em suas pernas.

No cinema

Vários filmes fazem referência ao absinto: *Drácula de Bram Stoker*, de Francis Ford Coppola; *Moulin Rouge!*, de Baz Luhrmann; *Eclipse de uma paixão*, de Agnieszka Holland; *A última dança de Salomé*, de Ken Russell; *Wilde*, de Brian Gilbert; *Menina bonita*, de Louis Malle.

Desce uma

Lautrec, Pernod Fils, Hapsburg, Valverde, Père Kermann's, Camargo.

MISTURINHAS

Receita original

Esta é a maneira clássica de apreciar o absinto, desde o século XIX:

- ✔ 2 colheres (chá) rasas de açúcar
- ✔ 1 dose de absinto
- ✔ Complete o copo com água mineral despejada lentamente.

Absinto tropical

- ✔ 2 cubos de gelo
- ✔ 1 colher (chá) rasa de açúcar
- ✔ 2 doses de absinto
- ✔ Complete o copo com água-de-coco.

Absinto cítrico

- ✔ 2 cubos de gelo
- ✔ 1/2 colher (chá) rasa de açúcar
- ✔ 1 dose de absinto
- ✔ Complete o copo com suco de laranja puro.

Absinto fresh

Amasse folhas de hortelã num copo. Acrescente:

- ✔ 2 cubos de gelo
- ✔ 1 colher (chá) rasa de açúcar
- ✔ 1 dose de absinto
- ✔ Água mineral a gosto

Absintonic

- ✔ 2 cubos de gelo
- ✔ 1 dose de absinto
- ✔ Complete o copo com água tônica a gosto.

EAU-DE-VIE, O SABOR DO POMAR

14

O Poire Williams é o exemplo mais glamoroso de uma *eau-de-vie*. Para elaborar esse destilado de pêra, a fruta é cultivada dentro da garrafa. Para isso, na primavera, quando surgem os primeiros brotos da pereira, as garrafas são amarradas aos galhos, de modo que as frutas se desenvolvam dentro delas, protegidas das chuvas e dos ventos. Quando amadurece, a fruta se destaca da árvore, e aí sim a garrafa recebe a adição do destilado de pêra. A delicadeza do processo coloca a bebida entre as mais desejadas de sua categoria. Uma boa *eau-de-vie* deve revelar no sabor e no aroma a fruta da qual foi feita. É incolor, o que significa que não se faz envelhecimento em madeira com o objetivo de dotá-la de cor e outros aromas. A evolução de uma *eau-de-vie* dá-se em garrafões de vidro ou cerâmica e em cubas de aço. As barricas de madeira, quando usadas, são vitrificadas por dentro, justamente para não interferir nas características originais da bebida.

Fazendo *eau-de-vie*

As frutas maduras com muito açúcar fermentam naturalmente em tanques, após esmagamento e prensagem. Essa fase dura em média catorze dias. O líquido é, então, transferido para tanques fechados, onde amadurece por aproximadamente seis semanas. O objetivo é concentrar o sabor.

Já com frutas de baixo teor de açúcar, portanto com pouco rendimento alcoólico, o processo é um pouco diferente: elas são maceradas em álcool neutro.

O líquido obtido é destilado uma única vez em alambique *pot*, resultando em bebidas secas, leves e muito frescas.

Aos tragos, enfim

Ao contrário da maioria das bebidas, não se recomenda cheirar profundamente uma *eau-de-vie*. Seus aromas têm de ser identificados numa primeira e rápida aproximação. A fruta deve se revelar imediatamente, antes que o álcool amorteça os bulbos olfativos e prejudique a apreciação.

Muitos desses destilados são largamente utilizados em drinques e coquetéis. É o caso do *abricot* (damasco), do *cassis* (groselha-preta) e da *poire* (pêra).

Chorinho

A região da Alsácia-Lorena, na França, tem grande tradição na elaboração de *eau-de-vie*. O destilado é produzido também no Leste Europeu, na Alemanha e em regiões suíças de língua alemã.

Desce uma

Poire Williams (pêra, da França), Kirsch (cereja, da França), Kirschwasser (cereja, da Alemanha), Abricot (damasco, da França), Barack Palinka (damasco, da Hungria), Mirabelle (ameixa, da França), Framboise (framboesa, da França), Himbeergeist (framboesa, da Alemanha).

MISTURINHAS

Charlie Chaplin

O coquetel que homenageia Charlie Chaplin é chamado também de *maiden cocktail*. Se for adoçado com mel, vira *bee's knees*. Para torná-lo mais suave, basta acrescentar meia clara de ovo.

- ✔ 2 ou 3 cubos de gelo
- ✔ 1/3 de dose de Abricot
- ✔ 2/3 de dose de suco de limão coado
- ✔ 1 dose de gim
- ✔ 1 cereja

Coloque os cubos de gelo, o Abricot, o suco de limão e o gim numa coqueteleira. Agite bem e passe para uma taça de coquetel. Use a cereja para guarnecer.

Abricot blossom

- ✔ 1 dose de Abricot
- ✔ 2 doses de suco de laranja
- ✔ 2 doses de vodca
- ✔ 2 cubos de gelo

Coloque os ingredientes numa coqueteleira, tampe e agite vigorosamente. Sirva em copo para coquetel.

Vulcano

- ✔ 2 doses de licor Chartreuse verde
- ✔ 2 doses de Kirsch
- ✔ 5 gotas de curaçau *blue*
- ✔ 5 gotas de curaçau branco
- ✔ Espumante gelado

Coloque o Chartreuse, o Kirsch, o curaçau *blue* e o branco numa taça de champanhe e flambe. Use o espumante para apagar e sirva.

15

PISCO, O *BRANDY* DA AMÉRICA DO SUL

É provável que o pisco tenha surgido no Peru, uma vez que a palavra vem de *pisccu*, que significa pássaro na língua quíchua, falada pelos incas que moravam no país antes da chegada dos colonizadores. É ainda o nome de uma cidade que fica a cerca de trezentos quilômetros da capital, Lima. Mas o Chile, por conta de sua tradição no cultivo de uva, também requisita a paternidade da bebida. Independentemente da geografia, esse destilado é muito popular nos países andinos, pelo sabor frutado e pela intensidade.

Estilos de pisco

De acordo com a Denominação de Origem e Patrimônio Nacional de 1995, o pisco pode ser:

Puro: feito de variedades de videira não-aromáticas, como a Mollar ou a Quebranta, a principal delas. É um pisco suave.

Aromático: feito com uvas aromáticas, como Moscatel, Itália ou Albilla.

Aromatizado: são adicionadas, na destilação, frutas como limão, manga e figo.

Acholado: elaborado a partir da mistura de mostos de variedades distintas de uva.

Mosto verde: obtido da destilação do mosto de fermentação incompleta.

Dose dupla

- ✔ No Peru, a uva predominante na elaboração do pisco é a Quebranta, uma variedade pobre em aromas, mas de sabor intenso. Usam-se também Preta, Mollar, Albilla. As uvas são prensadas no dia da colheita e fermentam ao ar livre. A destilação é feita em alambique *pot*.
- ✔ No Chile, a uva predominante na elaboração do pisco é a Moscatel, bastante doce e aromática, além da Pedro Giménez. A região demarcada do vale do Elqui concentra a maior parte da produção. A destilação também é feita em alambique *pot*.

Chorinho

A destilação já era conhecida pela civilização inca antes do século IX. No entanto, a destilação do pisco só começou a ser feita com a chegada dos espanhóis, que trouxeram da Europa as primeiras mudas de videira.

Aos tragos, enfim

A maioria dos piscos é transparente e límpida, mas alguns produtores usam o velho recurso de envelhecimento em barrica de carvalho para dar cor e aromas à bebida.

Desce uma

Sol de Ica, Montesierpe, Don César, Demonio de los Andes (peruanos); Capel, Alto del Carmen, Artesanos del Cochiguaz (chilenos).

MISTURINHAS

Pisco sour

✔ 2 claras de ovo

- ✔ Suco de 3 limões
- ✔ 10 g de açúcar
- ✔ 10 cubos de gelo
- ✔ 1 ½ dose de pisco
- ✔ 3 a 4 gotas de angustura
- ✔ Canela em pó

Num liquidificador, misture as claras de ovo com o suco de limão. Adicione o açúcar, os cubos de gelo e o pisco. Bata novamente. Coloque a bebida num copo de coquetel com as gotas de angustura e uma pitada de canela.

Flip peruano

- ✔ 2 ou 3 cubos de gelo
- ✔ 1 dose de licor de café (Kahlúa)
- ✔ 1 dose de creme de leite fresco
- ✔ 2 doses de pisco

- ✔ 1 gema
- ✔ Noz-moscada

Coloque o gelo, o licor de café, o creme de leite, o pisco e a gema numa coqueteleira e agite vigorosamente. Coe em taça grande. Salpique noz-moscada e sirva.

Huasca china

- ✔ 3 colheres (sopa) de açúcar
- ✔ 350 g de polpa de manga
- ✔ 2 ou 3 doses de pisco puro
- ✔ Suco de laranja
- ✔ Frutas picadas

Bata no liquidificador a polpa de manga com o açúcar e coloque no congelador. Num copo de coquetel, misture o pisco, o suco de laranja e a polpa de manga congelada. A bebida deve ser servida *frozen*. Adicione gelo moído e enfeite com frutas picadas a gosto.

SAIDEIRA

Ei! Você continua sóbrio? Já é madrugada e esta despretensiosa viagem pelo mundo dos destilados está terminando. Foi difícil não exagerar na dose ao tomar conhecimento de um ofício tão envolvente, que é o de elaborar uma grande bebida, construir uma tradição. O desafio agora é encontrar o ponto de equilíbrio entre a admiração dessa arte e o prazer da apreciação.

Para uns, admirar uma bebida, seu modo de fazer e seu significado cultural é mais fácil que perceber as nuances do líquido num balançar de copo. Para outros ocorre o contrário – a sutileza dos aromas, a riqueza de sabores e as sensações provocadas são informações de acesso imediato e muito mais interessantes do que tudo que podem conter livros e mais livros. Independentemente do perfil do bebedor, é um desperdício servir-se de uma dose sem saber nada sobre a bebida, da mesma forma que o é ocupar-se de seu passado sem sequer vislumbrar seus efeitos. Beber e conhecer. Uma prática requer a outra. E, para serem plenas, essas práticas precisam de mais um ingrediente: a responsabilidade. A tão apregoada moderação é, de fato, um sábio caminho.

Tintim!

APÊNDICE

VOCÊ PRECISA TER EM CASA

Quem pensa em se aventurar no mundo das misturas espirituosas deve ter em mãos alguns acessórios práticos. Como estamos montando um bar caseiro, não é preciso muita coisa, só aqueles apetrechos que facilitam a vida na hora de preparar uma simples caipirinha ou servir um uísque com gelo. Anote:

✔ abridor de garrafas e latas;
✔ balde para gelo;

- canudinhos;
- coador de metal;
- colher de cabo longo (bailarina);
- copo misturador;
- copos longos;
- copos *old-fashioned*;
- copos para cachaça;
- copos para conhaque;
- copos para licor;
- copos para *short drinks*;
- coqueteleira de inox;
- dosador;
- espetinhos de madeira para frutas;
- espremedor;
- facas de vários tamanhos;
- guardanapos de papel e de pano;
- moedor de gelo;
- palitos de dente (para espetar azeitonas e cerejas);
- palitos para mexer;
- pinça para gelo;

- ✔ ralador;
- ✔ saca-rolhas;
- ✔ tábua para cortar frutas.

O bar completo deve conter pelo menos um exemplar de cada destilado, além de algumas garrafas de vinho e champanhe. Mas, evidentemente, em casa não é preciso ter tanta coisa assim. Alguns curingas bastam para exercitar a criatividade. São bebidas que duram muito, algumas usadas em gotas, portanto compensam o investimento.

Destilados: vodca, tequila, cachaça, gim, uísque, rum, conhaque, *armagnac*, grapa, Campari, angustura, *eau-de-vie* (Poire, Kirsh, Abricot, Framboise), vermute.

Sem álcool: água com gás, *grenadine*, xarope de groselha, de morango e de framboesa, água tônica, *club soda* e soda limonada.

Da feira: frutas tropicais, como laranja, limão, abacaxi, morango, cereja, lima, *grapefruit*, entre outras. Pense ainda em sucos naturais ou engarrafados, a exemplo dos de maracujá, caju, tomate, uva, abacaxi e pêssego.

Temperos: *tabasco*, molho inglês, noz-moscada, pimenta-do-reino, azeitonas verdes, canela em pó e em pau.

Da mercearia: creme de leite, leite de coco, leite condensado, cerejas ao marrasquino, ovos, açúcar.

DRINCOLOGIA:
CONVERSA DE BAR

Não importa o lado do balcão em que você esteja, o importante é compreender algumas palavras do universo das bebidas espirituosas. Um repertório básico relacionado ao tema é relevante não só para irrigar boas conversas, como também para aproximá-lo de uma arte que há muitos anos vem sendo aprimorada: a arte de beber bem.

Angustura: *bitter* vermelho de alto teor alcoólico, usado em pequenas quantidades para temperar coquetéis.

Bitter: licor amargo ou com pouco açúcar. O Campari é um *bitter*.

Brandy: destilado feito de uva. Conhaque, *armagnac*, grapa, *marc* francês e bagaceira são *brandies*.

Club soda: refrigerante elaborado com água, gás carbônico e sais minerais. Muito usado em coquetéis.

Cobbler: drinque refrescante, feito com muitas frutas, de preferência da época, e bastante gelo bem picado. Tem pouco álcool.

Cooler: drinque longo feito com muito gelo, suco de limão e completado com bebida gaseificada, geralmente o *ginger ale*. É enfeitado com frutas.

Coquetel: vem da palavra inglesa *cocktail*, ou "rabo de galo", na tradução literal. Preparado com bebida alcoólica originalmente criado para ser tomado antes das refeições, como estimulante do apetite e digestivo.

Creme de ...: expressão usada para licores cremosos de baixo teor alcoólico. Por exemplo: creme de cacau, creme de menta, creme de cassis.

Crusta: drinque longo servido em copo com crosta de açúcar na borda. Para isso, a boca do copo é umedecida com limão e pressionada no açúcar. O processo também pode ser feito com sal.

Dose: volume de bebida pura correspondente a 50 ml. Usada no serviço de destilados, como uísque, vodca e gim.

Fizz: drinque efervescente, agitado vigorosamente na coqueteleira e completado com água com gás ou *club soda*. O *fizz* original leva gelo, suco de limão e álcool. A palavra *fizz* é uma referência ao som provocado pelo ingrediente efervescente.

Flip: geralmente feito com gema de ovo, deve ser agitado vigorosamente na coqueteleira para que a gema se dissolva. Pode ser preparado com bebidas destiladas, vinho, licor, açúcar e noz-moscada para temperar.

Genebra: bebida originária da Holanda, feita com zimbro. É muito parecida com o gim.

Grenadine: xarope de suco de romã, de cor vermelha, sem álcool.

Julep: drinque feito com hortelã fresca macerada no copo, acrescida de gelo, bebida alcoólica, xarope de açúcar e suco de frutas.

Marrasquino: licor de cereja do tipo marrasquino.

Orange bitter: licor feito com cascas amargas de laranja, usado para aromatizar coquetéis.

Sling: drinque refrescante feito com conhaque ou outro destilado e bastante gelo, água e limão. A mistura é levemente agitada, não mexida.

Sour: um *fizz* elaborado com mais álcool e limão. É agitado na coqueteleira com bastante gelo. Pode ser enfeitado com frutas cítricas e cerejas.

Vermute: vinho aromatizado com absinto e outras ervas, os chamados botânicos. Alguns vermutes têm destilados na composição.

Xarope de açúcar: açúcar dissolvido em água usado no preparo de drinques.

BIBLIOGRAFIA

Bar: guia internacional de aperitivos e bebidas. São Paulo: Círculo do Livro, 1972.

BENTA, Dona. *Comer bem: 1001 receitas de bons pratos.* São Paulo: Companhia Editora Nacional, 2003.

CÂMARA, Marcelo. *Cachaças: bebendo e aprendendo.* Rio de Janeiro: Mauad, 2006.

CASCUDO, Luís da Câmara. *Prelúdio da cachaça.* São Paulo: Global, 2006.

CHIVAS REGAL. *200 anos, 200 dicas: tudo que você queria saber sobre whisky.*

Drinks: famosos coquetéis internacionais. São Paulo: Melhoramentos, 1997.

LOBO, Luiz. *Coquetéis*. São Paulo: Globo, 2005.

MACNEIL, Karen. *A bíblia do vinho*. Rio de Janeiro: Ediouro, 2003.

NABUCO, Maurício. *Drinkologia dos estrangeiros*. Rio de Janeiro: Nova Fronteira, 2002.

SANTOS, José Ivan e DINHAM, Robert. *O essencial em cervejas e destilados*. São Paulo: Senac, 2006.

SILVA, Jairo Martins da. *Cachaça: o mais brasileiro dos prazeres*. São Paulo: Anhembi Morumbi, 2006.

STANDAGE, Tom. *História do mundo em 6 copos*. Rio de Janeiro: Jorge Zahar, 2005.

TRINDADE, Alessandra Garcia. *Cachaça, um amor brasileiro*. São Paulo: Melhoramentos, 2006.

WEIMANN, Erwin. *Cachaça: a bebida brasileira*. São Paulo: Terceiro Nome, 2006.

www.absinthe.com.br

ÍNDICE REMISSIVO

Impressão e Acabamento

Prisma Printer Gráfica e Editora Ltda.
Fone/Fax: (0xx19) 3229-7171
E-mail: grafica@prismaprinter.com.br
www.prismaprinter.com.br
Campinas - SP